U0596358

第三集

主　编　徐　俊

执行主编　严晓星

图书在版编目（CIP）数据

掌故.第3集/徐俊主编;严晓星执行主编.—北京:中华书局,
2018.1(2018.6重印)
ISBN 978-7-101-12973-1

Ⅰ.掌… Ⅱ.①徐…②严… Ⅲ.中国历史-掌故 Ⅳ.K206.6

中国版本图书馆 CIP 数据核字(2017)第 300607 号

书　　名	掌　故（第三集）
主　　编	徐　俊
执行主编	严晓星
责任编辑	徐麟翔
出版发行	中华书局
	（北京市丰台区太平桥西里 38 号　100073）
	http://www.zhbc.com.cn
	E-mail:zhbc@zhbc.com.cn
印　　刷	北京市白帆印务有限公司
版　　次	2018 年 1 月北京第 1 版
	2018 年 6 月北京第 2 次印刷
规　　格	开本/850×1168 毫米　1/32
	印张 9⅜　插页 1　字数 150 千字
印　　数	8001-14000 册
国际书号	ISBN 978-7-101-12973-1
定　　价	56.00 元

掌故

第三集

顾　问	钟叔河　董桥　陈子善　赵珩　白谦慎
主　编	徐俊　**执行主编** 严晓星
责任编辑	徐麟翔　**统　筹** 李世文
装帧设计	刘丽　丰雷
电子信箱	zhangguzazhi@126.com

目录

声，也没有建立自己的学派。但在今天的俄罗斯，他已享有崇高的声誉。生平坎坷而学术成就辉煌，对于像史禄国这样的大师而言，无论生前的颂扬，还是身后的哀荣，都是不足道的。他对自己终生的探索，有着坚定的自信。

43 齐白石"演电影" / 艾俊川

这些与《丹青诀》同时的书信，为电影的由来写下注脚。作为齐白石画作的收藏者和经营者，伊藤为雄拍摄电影，既为介绍白石画艺，也不乏商业考虑。

60 我所知道的陆鸿年及其他 / 扬之水

永乐宫的搬迁，不是画家的决策，画家能够做到的只是尽平生所学全力保持壁画原貌。陆鸿年先生病逝于1989年，我在二十年之后曾两赴永乐宫，迁址之前的壁画我未曾见过，但眼前的壁画色彩鲜明，会是陆先生所深信的风采依旧罢。

70 画坛轶趣（中） / 周昌谷

一次有一张八尺中堂八大山人的老鹰，没人要，他放在茶店门口（茶店是书画古董交易的早市），被余任天先生看到，问他多少钱。他说，文管会不要，华东里去了两次，第二次吴先生说："伪的，五角也不要！""你卖多少？""给三元罢！""好！给你五元。"

77 沦陷语境中的耶律楚材——汤尔和的心事 / 胡文辉

汤尔和之吊耶律楚材，亦其自吊也。耶律臣事宗国之敌，而救济中原父老；汤与日人合作，而维系沦陷区民生。二者所处的

2

情势、所为的事迹，固有相似的地方。耶律一生的作为，很容易让汤尔和产生共鸣；在耶律身上，汤能找到自己行事的"先例"，使其政治实践得到历史的支撑，也使其内心紧张得到文化的慰解。

98　听唐德刚说张学良口述纠纷始末　/　郑　重

唐德刚忙前忙后，招待得很热情，就是静不下心来和我谈张学良口述历史的事。我也就不再逼他。直到在鲤鱼门饭店入座之后，他才说："我在这里请张学良吃过饭。"原来他像说书人，前面都是作了卖关子铺陈，此时才算进入正题。

111　傅增湘旧藏在日本　/　苏枕书

卖给外国人，虽可得善价，但于公于私又多顾虑。而其时日本的书商、学者、图书馆机构正处于购买欲高涨、购买力强盛的时期，傅增湘所畏之"清议"，应指将书售与日方之后可能发生的情形。

132　郭十公子轶事　/　王培军

焯莹的行为，迥然有异于人，其为不可一世的狂士，是可以想见的。据张舜徽的《爱晚庐随笔》，焯莹不仅讥斥当代大老如广雅、湘绮，是连父亲也批驳的，其为人，张氏认为近于龚自珍子孝拱，那位放诞失检的名父之子。

151　陈定山的京华遗事　/　申　闻

邓之诚抄录《消寒诗》赠陈浏时，曾信誓旦旦地说"异日必以扇归翁，即以此为券"，但1929年冬，冼玉清北游故都，为邓之诚藏扇题诗时，陈浏已长逝于关外，纨扇自然也就留在了五石斋中。

充和送我进耶鲁

白谦慎

一

1986年10月，我离开北京大学，前往位于美国东部新泽西州的罗格斯大学（Rutgers University）攻读比较政治博士学位。由于自小喜爱书法，出国前已经参与了全国性的书法活动，赴美留学后，我利用业余时间，在学校的东亚图书馆查阅港台海外的书法资料，开车在美国东部拜访旅美书法家，为《中国书法》杂志撰写短文，介绍港台和海外书法界的情况。

1988年8月，我和妻子驱车至首府华盛顿。此行的目的除了旅游，便是拜访傅申先生。傅先生时任佛利尔美术馆中国部主任，是著名的书法史学者。早在1982年春，当我还是北京大学国际政治系四年级本科生时，就曾写信向他请教海外书法研究的一些情况。8月6日，我和妻子与住

1

傅申与白谦慎（1988）

在华盛顿的老同学许之微、张向欢夫妇一起前往傅申先生府上拜访。我带去了两张字请傅先生指教，一件是对联，另一件是小楷。傅先生看了我写的小楷，便说我给你看一个人的字。说着从书架上抽出一本耶鲁大学美术馆举办的"中国文学艺术中的梅花"展览图录，其中的小楷，特别是中英文参考书目中的蝇头小字，夹杂在英文中间，错落有致，格调极高。傅先生见我赞叹不已，在旁说了一句："看了这样的字，就知道我们从小就没有写好字。"这个小楷的作者就是张充和先生。这是我第一次见到她的小楷，当时也不曾料到，以后和她的认识成为我的人生转折点。

耶鲁大学梅花展图录及
参考书目页（1985）

我当时读书学费全免，生活费则靠打工来挣。开学的时候，在学生食堂打工，端盘子，洗碗。寒暑假期间，在房管处打工，搬家具、刷油漆，干的都是体力活。当我打听到本校东亚语言文学系的涂经诒教授开中国书法课时，便毛遂自荐，申请当书法课的助教。结果发现，已有一位台湾来的女士在当助教，暂无空缺。1987年夏天，我正在房管处打工，突然接到涂教授的电话，说那位台湾女士嫁人了，问我是否愿意接她的位子。就这样，1987年秋季，我开始在东亚系教书法。以后，我还曾在耶鲁大学、西密歇根大学、波士顿大学教过中国书法，直至2015年回国。此是后话。

到东亚系当助教后，逐渐和系里的教授们熟了。教中国现代文学的是李培德教授（Peter Li），他的父亲是语言学大师李方桂先生。有一天他告我，他的干妈喜欢写字，干妈的名字叫张充和。原来李方桂和张充和抗战期间住在重庆时就已是好友。我因在傅申先生那里见过张先生的小楷，印象极深，傅先生也建议我有机会去拜访，便向李教授要了张先生的地址，在1989年1月20日给她写信，希望在5月放暑假时前去拜访。2月1日收到了她的回信：

谦慎先生：

　　燕生（谦慎按：即徐燕生女士，李培德夫人）、培德早向我介绍先生，十分钦佩。五月间能来舍下一谈，非常欢迎。我虽然在此间教了多年写字（不能说书法），却没编什么讲义，因学生由各系来学，程度十分不齐。开始两周是教点楷书笔法，以后即因人设教，因为只有一学期。说来你不要奇怪，艺术学生倒是写什么都行。只有学中文（指洋人）的不易写得像样，因为深入字典字，方之又方，块之又块。等见面时再谈。

　　敬祝

安乐

　　　　　张充和　一九八九年一月廿九日

　　没想到还没前去拜访，3月5日，在罗格斯大学举办的纪念李方桂先生的学术研讨会上，我就见到了她。张先生个子不大，依稀记得她当时穿着旗袍。研讨会现场发的小册子封面上的字是我用隶书写的，拿给她看，她说不错不错，欢迎你来访。

　　1989年4月开始，国内局势动荡，海外学子的心境也难以安宁，本来约定5月到张先生家里拜访的计划便一拖再拖，直到9月4日。她家就在耶鲁大学旁边，从罗格斯大学开车过去大约两个小时。

　　到了她家后，我请她简略地介绍了自己的家世、学书经历、对书法的见解，并看了一些她和师友的书法。师友的字有沈尹默先生在抗战时期写给她的信札和一些册页手卷。她本人的作品中，让人印象最深的是上世纪30年代末

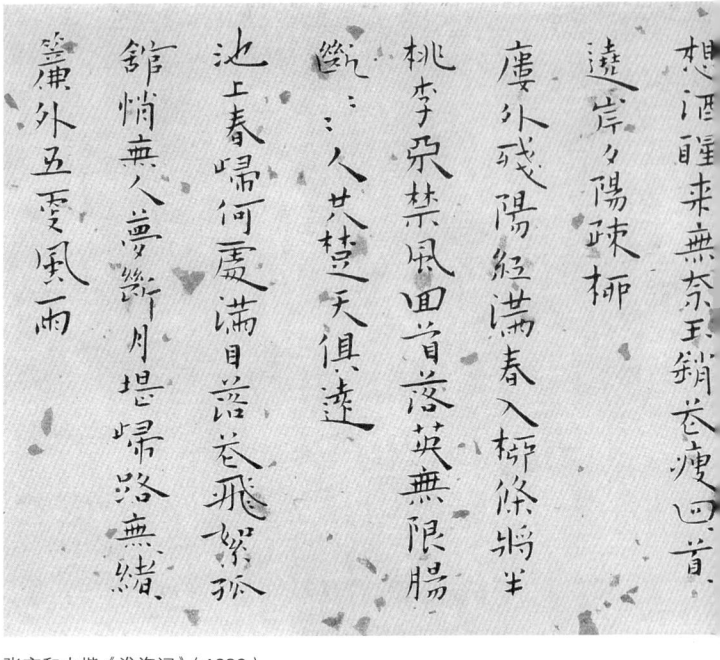

张充和小楷《淮海词》(1939)

在昆明写在旧笺上的两个小楷手卷。它们和我在傅申先生家见到的80年代所作的小字呈现出完全不同的境界。为梅花展书写的小楷端方古雅，而30年代的小楷则结体欹侧多变，大小相间，错落有致，娴雅中透出几分俏皮。书写这两个手卷时，张充和二十六岁，显示出书法方面的卓越才华。

　　这两个手卷上的笔画常不连接，气息疏朗空灵，和明

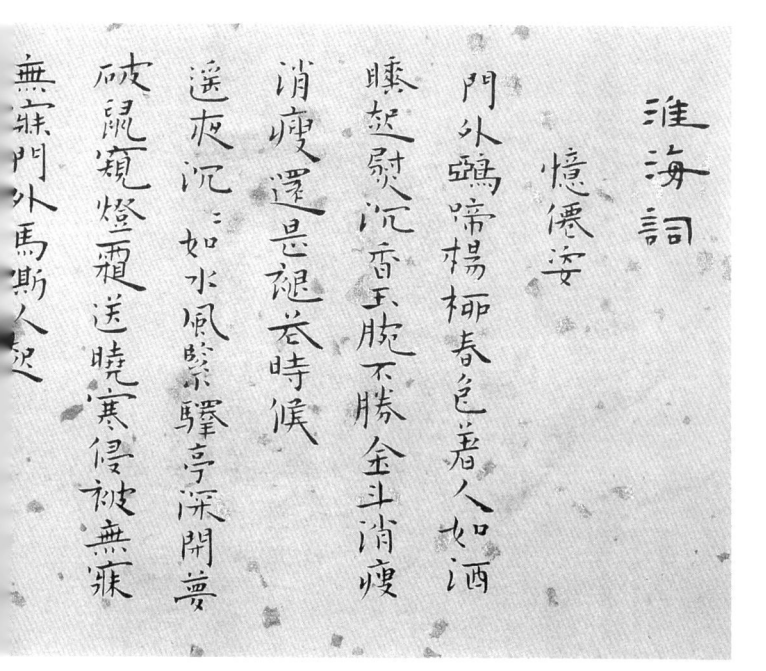

代吴门名家王宠的小楷点画有相似，我便问张先生，是否学过王宠的字。她回答说不曾学过，并告诉我，她的表哥也认为她的字与王宠有相似之处，并以为如此写字会折寿，因为王宠英年早逝。讲到这里她笑了："我表哥七十岁就去世了，我可活得比他长！"那年，她七十六岁，由于长期在舞台上表演昆曲，每日读书写字，她动作敏捷，思维活跃。

张充和绘青绿山水（1948）

在对着大门、通往二楼楼梯旁的墙上，挂着一幅张先生1948年画的青绿山水，画的右下角，钤着一方朱文长方印"充和"。在一本陈世骧先生翻译、她书写的陆机《文赋》（出版于1952年）的落款后，也钤着同一方印，印风古雅生动。我询问印章的作者，她说是乔大壮先生（近代词人、篆刻家）在重庆为她刻的，上世纪60年代意外遗失。言及此事，脸上露出遗憾和思念的神情。我因会刻印，便提出为她摹刻一方。请她给我寄她的书法作品照片时（我在介绍她的文章中要作附图用），附上乔先生所刻印章的复印件，以便依样摹刻。9月28日，我收到了她的信：

谦慎先生：

今奉上乔老图影数个，请不必在意。古人临画临帖亦不必形似。拙书新旧都不足道，更是赧颜者为国内诸法家所阅。为了请教也只好奉上数纸（为阁下所选定者），照片五张，有过小字恐不能翻印，故不寄。中有临《寒食帖》，奉上请教，不必寄国内。所有照片，底片均未得到，惟有耶鲁（云林诗）或可弄到。如不用时请寄还（包括寄国内用后寄还）。

近日小女夫妇搬家来此，家中及心中极乱，未能执笔，待稍定后当书写奉上。

即祝

秋祺

充和上 一九八九年九月廿四日

尊夫人前问候

收到乔老印章图像的第二天，我便开始摹刻。赴美留学时，一个朋友送了几方冻石，其中有一枚和乔老刻的"充和"印大小相仿，不用打磨便可直接摹刻。那时石章的价格远不像今天被哄抬到了很高的地步，我用来摹刻的冻石，并不昂贵，看起来却体面大方。印章只有两个字，当天就摹刻好了。只是美国的邮政系统远不及国内的效率高，9月30日是星期六，只上半天班，10月1日是星期日，邮局不开门，我便在10月2日（星期一）将印章寄出。

六天后（10月8日），张先生收到印章，当即写信感谢：

道慎先生: 今奉上者十、尚新数十、清在必主意、太人临画

诗帧尔不必打川、独为新善都不定送、又并歉叔者看

闲内诸法家师闲号诗数么、好奉上数帧(多闲下

师迟远客)如仿五帧有迟小字处外纳帧即好不等。

此书寄来松奉上诗纷不必寄闲内、所有地书氓。

此书五浮出、惟在那盖云林字似予许的、如不同时诗

等送(恒括寄闲内闲临寄送)

近日小女夫妇拾家来共守中有心作校礼书姵笔、

希将京字事寄为开上印记

致媛

蒂太人均闲候
 充和上　九日廿二日

一九八九·

张充和致白谦慎信札（1989）

白谦慎为张充和摹刻
"充和"印（1989）

谦慎先生：

收到摹乔老印，形神都似，"龢"下残缺处，尤甚原印，在上"禾"旁栩栩如飞，叹为观止。即乔老再生，见之必曰："可以乱真矣。"每听此间艺术人士说，有某人图章，定是真字画，我将以此证明。自一九六五年失去此章，常常思念。今不啻珠还，亦即后继有人，至为欣喜！若需篆书帖，我处有《石鼓》、《秦权》、《天发神谶》等，可代影印。再珍重谢谢。谨祝双安。

充和上　一九八九年十月八日

以后，读了她的一些忆旧文字，才明白为何她"自一九六五年失去此章，常常思念"。这不仅仅因为乔大壮先生是一代篆刻大家，更因为这方印章和她年轻时一段值得永远纪念的经历有关。她在《从洗研说起——纪念沈尹默师》一文中写到，1940或1941年间，她与沈尹默、乔大壮两位先生还有画家金南萱女士曾一起到一位杨姓乡绅的园林雅集。"回城后，尹师转来乔老为我刻的'充和'二字，在一方红透的寿山石上，尹师又在盒上题'华阳丹撰充和藏'。可惜1965年去威斯康星大学上课，归途中失去箱子，包括此章在内。"她在另一篇短文《仕女图始末》中，也以真挚的情感怀念着重庆时期的师友。在失去印章二十四年后，我的摹刻之作，多少弥补了她失落原印的遗憾。

想必是得到这方摹印后格外高兴，次日，张先生又给我发了一封短信，这次是用毛笔写在明信片上：

> 昨寄谢信，谅与此片同到，因今天为节日。所赐章石甚佳，特此致谢。冻中含有松花纹，至美。
>
> 谦慎先生
>
> 充和　九日

为了感谢我为她摹印，她寄给我一本饶宗颐先生的《睎周集》。1970至1971年，饶宗颐先生应傅汉思教授的邀请到耶鲁大学研究生院访学一年，其间所填一百二十七首

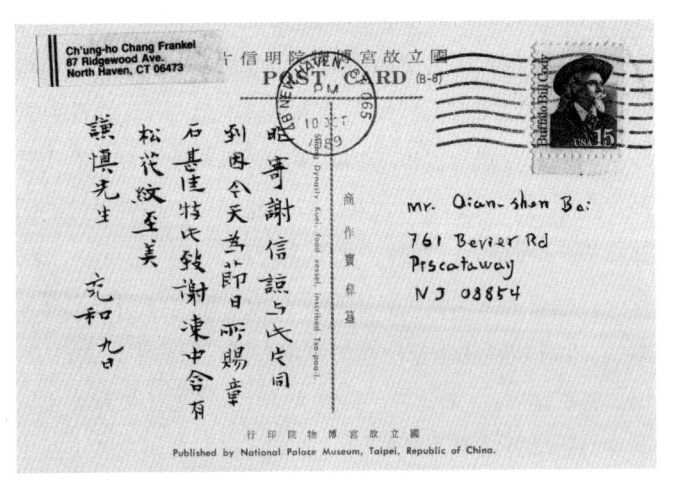

张充和致白谦慎明信片（1989）

词，张先生用小楷抄录，饶先生印成了精美的集子。

收到《睇周集》后，我打电话给她表示感谢，顺便也提到自己准备转行。当时我已快修完比较政治学的博士课程，但1989年夏季国内的局势，使我不想再从事和政治过于密切的研究，原先打算毕业后回国任教的计划也搁置在一边了。罗格斯大学有一个很好的图书馆学院，我打算去学图书馆学，先找个能养家糊口的工作，以后再图发展。当我把自己的计划告诉张先生后，电话那头，她稍稍停顿了一下，似乎在思考什么，然后说："你想不想到耶鲁大学

《睇周集》书影

《睇周集》中张充和小楷

来读艺术史系？你若愿意，我会郑重推荐。"近三十年过去了，她说到"郑重推荐"那四个字时稍稍放慢的语速和加重的口气，却依然在耳。听得出来，她在鼓励我做出决定，只要我表示同意，她将会尽最大努力去促成此事。

改变我命运的机缘，竟来得如此突然！

二

我怎么可能会不接受张先生的建议呢？！我在罗格斯大学留学期间，在国内也曾是大学老师的妻子为了支持我读书，挑起了家庭经济的重担，在罗格斯大学艺术史系的一个著名教授家里打工。通过她与教授夫妇的接触，我对西方综合性大学所设的艺术史系已有所了解。再加上耶鲁大学是世界名校，素以人文学科著称，如能有机会去耶鲁大学攻读艺术史的博士学位，岂不是三生有幸！

我有写日记的习惯，每日所记，通常极为简略。1989年10月13日的日记如是记载："收到张充和女士寄来的《睇周集》，和她通了电话。她说她郑重地向Barnhart推荐我去耶鲁大学。"Barnhart即在耶鲁大学教中国艺术史的班宗华教授，著名的中国绘画史学者。

申请美国各大学研究院的时间通常在秋冬。因为那时并无网上申请，要在 *Peterson Guidebook of Graduate Studies* 查到专业方向、申请截止期、地址等信息，然后写信索要申请表，填表格寄出。此外，还要由已毕业的学校和在读的学校校方寄出正式的成绩单，有关教授寄出推荐信，申请程序才算完成。10月23日，我给耶鲁大学研究生院发信索取申请表格，同时给张充和先生发出我的简历，希望她对我的学术背景有更多的了解。在此之前，我曾告诉她我毕业于北京大学，和她算是校友。

三天后，亦即10月26日，我在日记中写道："晚上张充和女士两次打电话来，很关心推荐我去耶鲁的事。"张先生那天在电话里具体说了些什么，已经记不起来了。但从这前后几天日记的简略记载中，可以看出，她已经开始了推荐的准备工作。因为美国的博士生遴选，除了要申请人准备相关文字资料及提交书面申请外，有时主事教授还会要求申请人到校面谈，进一步了解申请人的学术背景和研究旨趣。张先生希望我在她正式向班宗华教授推荐之前，已经开始准备各项工作。

其实，我这边的准备工作正在紧锣密鼓地进行。和张先生通电话的次日，我便打电话给西东大学东亚系的语言学教授王方宇先生，请他为我写推荐信。王先生是书法家，曾访问北大，我在北京大学任教的时候，就已和他通过信。到美留学后，我发现王先生家和我的学校同在一州。新泽西州是美国最小的州之一，从学校开车到王先生家大约四十分钟，所以，我曾数度造访请教。后来我才知道，书法是他的爱好，他的研究领域是清初画家八大山人，他

王方宇与白谦慎在中国印章研讨会上（1992）

也是全世界最重要的八大山人书画收藏家。此时，王先生正在和班宗华教授合作策划"荷园主人——八大山人的生平与艺术"展览。世界就这么小，巧事都被我撞上了！当我请王先生写推荐信时，他慨然允诺。我在政治学系的导师威尔逊教授（Richard Wilson）和东亚系的涂经诒教授也都同意做我的推荐人。

我出国时，从未想过转行学艺术史，所以，在国内发表的一些书法论文和评论，都没有带到美国来。罗格斯大学东亚图书馆的规模不大，没有入藏发表过我文章的期刊。正巧我的好友商伟兄在哈佛大学东亚系攻读博士学位（现为哥伦比亚大学东亚系讲座教授），我请他在哈佛燕京图书馆复印了我的文章，作为申请的辅助材料。

根据我的日记，10月30日我同时给普林斯顿大学、密执安大学、斯坦福大学、加州大学柏克莱分校艺术史系发信，索取申请表。既然张先生已经决定推荐我去耶鲁读书，为什么我还准备申请其他学校呢？说实在的，心里没底。在网络不发达的年代，资讯流通远不及今天这样便捷。张先生在40年代已有文名，1949年出国后，虽然曾回国几次，但国内对她有所了解的多在昆曲界和文学界，书法界对她是生疏的。在拜访她之前，我见过她的字，深为歆慕。从李培德教授处，也得知她的丈夫是耶鲁教授，姐夫是沈从文。拜访之后，对她的家世、师承、履历有所了解，但也仅此而已。今天各种关于张家的书籍以及网络流传的诸如张家四姐妹、周有光、卞之琳等等的故事，我那时一概不知。说白了，我对张先生的了解其实是十分有限的。她在耶鲁大学艺术学院教过二十五年书法，和班宗华教授自然很熟，也一定会向班教授力荐。可是，美国大学教授颇讲公事公办，谁知道还会不会有其他具有竞争力的申请者呢？谁知道耶鲁大学艺术史系的入学委员会将怎样看待我这个从没上过艺术史课，只不过写过几篇和书法相关的文章的业余爱好者呢？我当时的想法是，既然已经动了申请艺术史系的念头，何不多申请几个学校呢？如果耶鲁不成，或许还能侥幸被其他学校录取呢。1985年我申请美国的政治学系时，投信十余所大学，最后只有四所大学录取我，给学费奖学金的仅罗格斯大学。申请的学校多，概率自然会高些。况且，申请材料一旦准备完毕，分寄给几所学校的材料大同小异，不费什么事，大不了每个学校付几十美元的申请费罢了。至于罗格斯大学的图书馆系，因为不给奖学金，申请截止期比较晚。如果申请所有的艺术史系都碰壁后，那将是我的最后选择。我是同一所学校政治学系的博士生，被图书馆系录取，毫无问题。

11月1日，张先生来电告知，那天她和班宗华教授见面了。她对班先生说，你的学生都是研究绘画的，我向你推荐一个研究书法的。班先生是方闻教授的学生，在普林斯顿大学攻读博士学位时，就对书法产生了浓厚的兴趣，他的第一篇学术论文，是讨论（传）卫夫人的《笔阵图》。所以，当张先生向他推荐我时，他对我的背景甚感兴趣。

当时已是艺术史系三年级的李慧漱同学（现为加州大学洛杉矶分校艺术史系教授）后来向我讲述了张先生去见班教授的细节：那天，张先生打电话到艺术史系，说要见班宗华。这一年，班教授正任系主任，天天上班。接电话的是系里的秘书Barbara，一个和蔼的白人老太太。她说，班教授忙，有什么事先留言。见有人"挡驾"，张先生没多解释，开着车直奔艺术史系，自己敲门找"Dick"（班教授的小名）去了。我查了一下当年的日历，那天是星期三。

耶鲁大学美术馆（左侧）和艺术史系（右侧）

张先生退休后，每个星期三下午都会到耶鲁大学美术馆的亚洲部整理馆藏中国书画，美术馆和艺术史系的建筑连在一起，她知道在哪能找到班教授。

张先生和班教授面谈的两天后（11月3日下午），我和班教授通了电话，建立了初步联系。11月13日，我收到了王方宇先生的来信，说他已经向班教授口头推荐了我，并对我的申请前景表示乐观。11月14日下午，我和班教授再次通电话，约好11月底或12月初见面。

11月30日下午，我在班教授的办公室与他会面。不像许多教授通常穿着西装上班，他那天穿着一件套头衫，看起来很随意，让我感觉不那么紧张。他对我的情况已有所

白谦慎和导师班宗华（中）、马麟（右）（1992）

了解，简略地问了一些情况后，便明确表示，他希望我到
耶鲁来学习，不必再申请其他学校，他将为我争取全额奖
学金。不过，他补充了一句，最后能否被录取，还要经过
研究生入学委员会集体讨论。那天晚上，我在张先生家里
用餐，慧漱也在。她们都认为，虽然最后的结果还要等两
三个月，但成功的几率已经很大。第二天，我便寄出了申
请表格和材料。我的几位推荐人（包括张先生），也陆续寄
出了推荐信。

　　1990年1月，由徐燕生、于牧洋和我合作策划、中国
大陆沧浪书社协办的"中国当代书法篆刻展"在罗格斯大

学艺术学院的画廊开幕。张先生的老朋友，李方桂夫人徐樱女士将参加开幕式，我给张先生写了信，邀请她参加开幕式。张先生在回信中说她家里有事，不克前来，但却邀请我和妻子、儿子到耶鲁一聚：

> 开春后盼阖府来我处一聚。现在天气莫测，长路要当心。上次为了汉思要看"秦始皇"，在纽约博物馆，除了兵马俑外，其余都是"不堪"。只三十八分钟，花了"车费"一千多元，因半途车子坏了。以后种种花费，现在仍在修理中。幸而没有出事伤人伤自己。祝双吉。

> 　　　　　　充和　一九九○年一月廿三日

　　大概此时她认为我被耶鲁大学录取已无悬念，我和家属应该在放暑假前，到学校看看环境和宿舍，做好搬家的准备。

　　由于一个学生可以同时申请多所大学，美国的著名大学之间有一个约定，正式录取通知书都在每年的3月15日寄出，申请者必须在4月15日前通知学校是否接受录取。但实际上不少大学在1月下旬到2月中旬之间，就已经开始了筛选工作，并在录取通知书发出前和一些申请者进行沟通。（我从1997年至2015年在波士顿大学艺术史系任教，长期担任系研究生入学委员会委员，对这套程序相当熟悉。）1990年2月20日晚，我和张先生通了电话，她说没有什么问题了。3月7日下午，我收到班宗华教授一封很短的信，说耶鲁已经决定录取我并有全额奖学金。3月19日我收到耶鲁大学正式录取通知书（3月15日发出，因17、18日是周末，四天才到）。

4月12日，我和家人如期赴约，前往张先生家一聚。是日天朗气清，张先生兴致勃勃地带着我们在美丽的校园里游览，参观了校图书馆、善本图书馆和美术馆。在谈话中，张先生告诉我，她在耶鲁教书二十五年，从未向耶鲁推荐过一个人。80年代她到北京探亲时，欧阳中石先生曾邀她到首都师范大学演讲，事后有些学生写信给她，想申请到耶鲁来读书，她都没有答应。我是她第一个（现在想来很可能也是唯一一个）向耶鲁推荐的学生。真是言者无意，听者有心，她这么淡淡地一说，我心头的压力就增加了许多。于她而言，"郑重推荐"已大功告成，她践行了自己的诺言。可对我来说，被耶鲁录取，只是挑战的开始。

三

数个月后，亦即1990年9月2日，我们全家搬到了耶鲁大学的所在地——康州新港。从1989年9月4日到张先生家拜访，到全家搬到新港，正好一年。此后，我在这个城市住了整整五年。

进入耶鲁大学以后，我一直没有向同学和老师们透露张先生是我上耶鲁的推荐人。因为那时我对艺术史领域依然十分生疏，对自己今后能走多远，心里也没数。我担心自己的学业表现不够好，会连累张先生的声名。即使在我从耶鲁大学毕业后好多年，我也不曾对外人谈起此事。

1995年，我得到了西密歇根大学艺术系的教职。7月下旬，我要搬家了，张先生打电话给我，说小白你过来一趟，有个事。我到她家后，见桌上放着四大册《草字编》，第一册的扉页上用毛笔写了题辞：

谦慎来耶鲁求精进，因得以聚。疑义相与析者共五年，乐益良多。今成博士学位，更有乔迁之喜，谨以此奉贺，兼以赠别，并祝：世途宽坦，福寿无涯。

一九九五年七月二十日充和于美东新港之半舫

原来细心的她在一个月前就托人从香港买了这套书，作为赠别礼物。

张先生的题辞，需要解释一下。我到耶鲁后，班宗华教授带领研究生筹备了"玉斋珍藏明清书画精选"展览（于1994年在耶鲁大学美术馆展出），书画作品上的题跋和印章分别由同学们著录，凡是遇到难认的草书和印章时，由我来解决。当我不能确定的时候，就去请教张先生。这就是张先生在题辞中引陶诗"疑义相与析"的涵义。

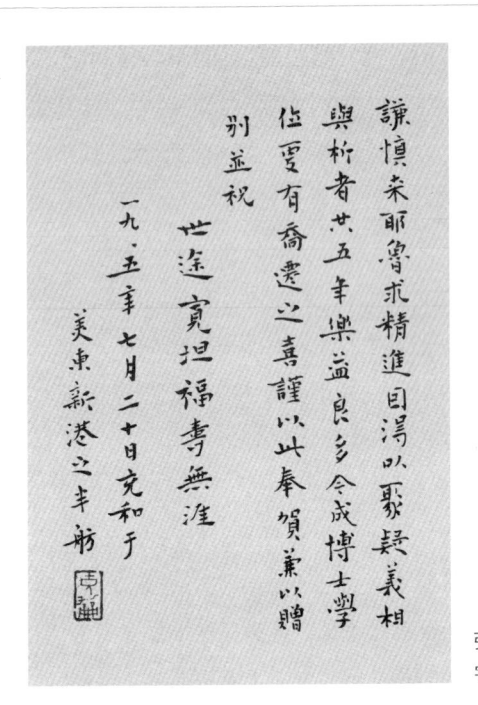

张充和题赠白谦慎《草字编》手迹（1995）

题辞的署名下，钤的正是那方我为她摹刻的名章。

2006年，我的英文著作《傅山的世界》中译简体字版由三联书店出版，得到了祖国的读者们的肯定，多次重印。我去看望张先生时，告之这一情况，她很高兴，竖起大拇指，说了声："好！"当我感谢她当年推荐我上耶鲁，给了我一个研究自己所喜爱的艺术的机会时，她回答得很妙："你不用谢谢我，是耶鲁应该谢谢我。如果我不推荐你到耶鲁来读书，哈佛或是普林斯顿就要把你抢走了！"其实，如果没有她鼓励我申请耶鲁并大力推荐，在1990年我是不可能被上面提到的几所大学录取。我曾托商伟兄询问过当时在哈佛任教的巫鸿先生，巫先生说他并不指导研究书法的学生。在加州大学柏克莱分校的高居翰先生，不但对书法没有什么兴趣，而且并不认同书画有着密切关系的传统观点。他的学生文以诚教授在斯坦福教书，似乎也从未认真关注过书法。密执安大学的艾瑞慈教授兴趣虽然广泛，但如果有研究绘画和研究书法的人同时报考他的研究生，他应该会优先选择做绘画研究的。普林斯顿大学的方闻教授很重视书法，但那时他正在积极发展与国内博物馆的关系，1990年他招了一位上海博物馆的年轻人为学生。也就是说，在1990年，耶鲁是唯一对我的背景感兴趣，同时也是最适合我去学习的地方。天时、地利、人和汇聚于此，其中的关键人物，便是张充和先生。她于我，有再造之恩。

2010年下半年的一天，我开车去新港看望张先生。那天她的儿子以元也在。傍晚，张先生、以元、吴礼刘、我四人到附近的一家中餐馆吃饭。小吴和我坐在桌子的一边，对面坐着张先生和以元。以元是飞机驾驶员，住在母亲家附近，常去照顾。我和他聊天时，把当年他母亲推荐我上耶鲁的事简略地说了一遍。说完后，我对坐在斜对面的张先生说："充和（这是我们在美国对她的称呼），我告诉以

张充和与白谦慎（2012）

元，你只见过我两面，就推荐我上耶鲁了。"

她笑了，不紧不慢地说："好像我的眼力还不错。"

2017年5月

〔附记〕

我在1995年得到西密歇根大学教职时，并未获得耶鲁大学的博士学位，获得博士学位在1996年。

往事已矣　记忆留痕

——重读戴幼和家祥先生尺牍后

雪　克

　　偶检旧时信函，张舜徽、程千帆、周祖谟、吕贞白、王绍曾等已故诸老的来札，又现眼前。其中，戴幼和家祥先生的尺牍七封，封封是一段往事，件件是长者的心愿，事事遵嘱都尽力去办了。办成的，令人欣慰，有的还不失为文坛添了一段佳话；办不成的，让长者失望，窃亦惭愧难安。说来话长，回过头来，就从我与戴公的结缘开始吧。

　　1983年杭州大学古籍研究所建立时，定下了本所的第一个科研项目"孙诒让遗书整理与研究"。窃以为，这是很自然的。孙家玉海楼藏书，特别是籀庼公之稿本、批校、题识本，不下百余种，解放前已入藏浙大，解放后在院系调整时转入杭州大学，并已有专刊《孙诒让研究》印行，辑校专著也即将面世，自有全面落实这个项目的优势。

　　为此，首任所长姜公亮夫师嘱我草拟了整理与研究规

张舜徽先生1985年12月来函。信中所述"孙君纪念册"乃杭州大学编印，与浙江图书馆无关。笔者已将自藏的一本奉寄长者

划，并派我于当年9月9日向华东师大戴幼和家祥教授求教，听取意见。先生，一代古文字学硕老，与姜公同出清华研究院四大导师门下。初次登门，未免忐忑。相见之下，亲切如故，大家风范，平易近人，毫无架子。我很快就打消顾虑，放松了下来。先生与孙家同乡，又沾亲带故，对籀顾公经子训诂考据、甲金文字之学，了如指掌，娓娓道来，真知灼见，如数家珍。心系籀公遗书，尤重未刊稿本、批校题识，说到孙氏生前未能刊印的《述林》时，强调整理斯著，当从静安先师所言，以经、子、文字考释论学之

作为本，他类文字二十多篇，可删削另编。顺着长者思路，谈到姜师欲烦先生理董《名原》事，公叹曰："早年初校补字四百有余本，已寄朱耘僧芳圃兄请益，久借未还，业已湮坠。另一初校补字底本，是1927年寅恪师所命校录者，今亦存佚不明。窃已年迈，另起炉灶，纠误补阙，实在是难为其役的了。"无奈之际，先生忽然想到了什么，随手从书架上取出蒋秉南天枢先生撰著之《陈寅恪先生编年事辑》，从中找到了答案，有了新的希望。时已近十二点，一再留饭，力辞不果，师母下厨，端上汤面，同桌共享。放下饭碗，匆匆带上戴公手书便笺，离开师大一村，乘公交由西向北，绕了大半个上海，赶到复旦大学秉南先生寓所，受到蒋公的亲切接待。先生与姜、戴二公亦师出同门，毫不见外，禀明原委后，蒋公马上四处寻觅，终于在仅容一床的阁楼床底下觅得此本。不敢拖延，只能立即匆匆赶回师大，天已黑了下来。亲手交给戴老，老人面如春风，连声"辛苦"。终日奔波，乏累不堪，回到旅舍，倒头就睡。翌日休闲，四马路上寻旧书，在古旧书店淘得两册。回去后，向亮师交差，所座满意。

半年过后，公据补字本复相勘核，重加校点，详撰《书后》，就交出了校定稿，终于在1986年由齐鲁书社影印出书，姜亮公所座为书题签。时戴公年届八秩，蒋长于戴，已八十有三。而今戴西归已近二十年，享年九十有二；蒋驾鹤业已近三十年，享年八十有五。面对秉南公传世之作

《论学杂著》，与幼和戴公齐鲁本《名原》、学林本巨编《金文大字典》，如梦前尘，已恍如隔世矣。

就这样，与戴公一老一少（我那时已当了二十年讲师，刚评上副教授，也五十多岁了）结了缘，过后虽未能亲聆雅教，再获发振之益，却书信往来，多年未断，情意殷殷，难以忘怀，也成了沪杭两地同门师兄弟之间的通讯联络员。

先生来函，仅书日月，均无纪年。除个别可考者外，多已无从考察。概而言之，约自1984年起至90年代初这七八年间。以下分类举例略述之：

办成的。

某年6月5日来函，先生言及北京文物局同意为先师静安先生坟墓立碑，碑文由戴公撰作，想推荐书法名家沙孟海先生写字，嘱我就近代为联系落实。沙公为当代书坛泰斗，是当时西泠印社社长，社会名流，笔润已按字论值，整篇文字，价自不菲。一无经费，私人实难承担。虽有戴公信函，不知二公私交，商洽能否如愿，难以自必，未免心存疑虑。那时，自己正因病住在浙江医院，行动不便，因嘱一位研究生代我趋府拜谒。回告是：沙公一口应允，谓"蒙戴兄看重，能为静安先生碑文握管是我的光荣，说什么笔润"。想不到，就这么顺利办成了。闻之甚幸，甚慰。函禀沪上长者，自然不在话下。

没办成的。

某年1月10日公来函，要我寻找原瑞安孙家所藏两件器物，是否现存杭大。略谓，"1956年任心叔兄对我说起这两件青铜器，孟晋（籀顾公哲嗣）表叔捐赠浙江大学"。并告：如在杭大，则设法拍摄一张黑白或彩照寄沪，以应公近日所撰《瑞安孙氏两青铜器考释》，附此照交温州师院学报发表之需。窃素知中文系与学校均无器物存藏，唯历史系有文物室，藏国家一级文物数件，还有玉器、钱币、青铜、瓷器以及甲骨片等。心存希望，跑去一看，此青铜并非孙家之器；不死心，又去附近玉泉老浙大，以探究竟。从系到校，老友该校中文系主任热心全程陪同，多处查找，仍一无所获。时心叔先生与孟晋丈均已先后谢世，无人可问，徒唤奈何。这两件器物到底流落到哪里去了呢？至今仍是个谜。

又据考，1995年6月23日来函：嘱我向杭大图书馆商借孙公《籀顾述林》手稿本，或借孟晋公笺校本作一校阅，限期一月归还。用不着向姜师告禀，这是不可能的。玉海楼藏书早已入善本特藏，从不出借，只能依规在馆内专室中查览，想目睹斯作，须先生亲身驾临。回函定使长者失望了。

还有不记得有没有办成的。据考有封1986年3月3日来函，让我代查解放前《东南日报》1940或1941年在金华版"周末版"发表的王季思先生《白鹃楼印记》一文，并复印一份寄沪。事关先生所编方介堪《白鹃楼印蜕》将由学林出版社印行事，不敢怠慢，放下手头事务，肯定查

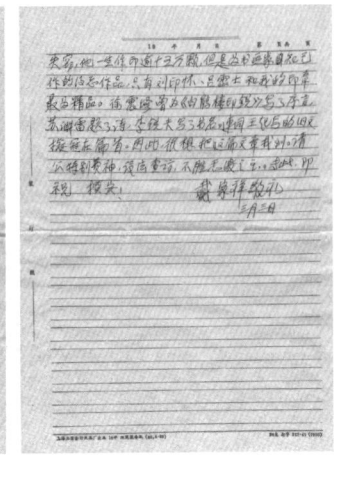

戴家祥先生1986年3月3日来函

了。结果如何，怎样回禀，业已毫无印象。其实该著学林并未刊行，而由上海书店出版。其间详情无从知悉，姑将先生原札附上，向读者同道作个交代吧。

质木无文，终勉成篇。意犹未尽，容再赘言：姜、戴、蒋三位先哲已逝，渐行渐远，治学硕果，泽溉后学者，实不可以道里计。说到三位的尊师重道，可称早已与身心融为一体，终身不泯。沪上二公，对业师的毕恭毕敬，久已昭明于学界，窃亦深有所感。

在亮师身边数十年，言传身教，振聋发聩，每取以自励。就尊师而言，窃入古籍所后，与先生接触日多。无论因公或私觌，不分场所，只要向先生提到四大导师名讳，先生总是马上起立致敬；居家、住院，病卧在床，也要抬头示敬；易箦之际，曾陪同外地受业弟子探望，偶及清华先师，先生紧闭的双眼流出了泪水，此情此境，在场者谁不凄凄伤神。

先生还受业于章余杭师之门，语我：曾与同门弟子醵金为先生购买百衲本二十四史以祝大寿，章师告曰：个人读书从不计较版本，二十四史已仔细读过七遍。——见证了一位名副其实的国学大师，令人钦服。

还有一事，姜亮夫先生亲口告诉我的，说他非常敬佩陈建功先生。事情是这样的：上世纪60年代"文革"前，一次校方召开小规模的高层人士参加事关科研问题的研讨会，中文系姜亮公与瞿禅公应邀与会。当时的副校长陈建功教授乃一代数学大师，他在会上侃侃而谈，声称科学研究是理科的事，自己从来不知道文科还有什么科研！夏公一时没回过神，还没发言，姜公却被激恼了，立马顶了回去：你不知道的事情多着呢！当年清华就有研究院，专务研治国学，一流的科研硕果……霎时间，气氛紧张，另一位学校副座怕会议失控，忙打圆场。可陈老并未发火，"噢"的一声后反而平静下来，认真听了下去，随即说道自己孤陋寡闻，谨致歉意，当场和解。亮公也表达了自己语言不敬的失当，尽显两位学人胸怀坦荡，让我终生难忘。

丙申冬至后三日　　时年九十

一代大师史禄国

徐文堪

　　五十多年前，笔者还在大学读书时，偶然从图书馆里借了几本解放前出版的旧刊物翻阅，其中一本是1931年的《清华学报》（第6卷第3期），刊载了一篇近二百页的英文长文《关于乌拉尔－阿尔泰假设的民族学和语言学之诸方面》（*Ethnological and Linguistical Aspects of the Ural-Altaic Hypothesis*）。作者是俄国人谢尔盖·米哈伊洛维奇·施罗科格罗夫（Sergei Mikhailovich Shirokogoroff，汉文名史禄国），曾在清华任教。笔者当时年少无知，自然对史禄国其人不甚了然，于是向家父徐森玉（1881－1971）询问，父亲对二三十年代的北京学界情况极为了解，与北大的外国学者如钢和泰（Alexander von Stael-Holstein，1877－1937）亦有交往，当能为我解惑。不曾想，父亲回忆许久后，只是依稀记得清华有这个人，其他则一无所知。此前笔者凑巧还读到过一本上世纪20年代商务印书馆出版的英文著

史禄国，摄于1929年

作《北方通古斯的社会组织》（*Social Organization of the Northern Tungus*，1929），作者正是史禄国。该书厚厚一大册，蓝色封面，书里还印有作者手绘的彩色插图，令人印象深刻。笔者以后又看到一些回忆鲁迅先生的文章，其中提及史禄国，知道他曾在厦门大学教过书，可以算是鲁迅20年代的同事。30年代史氏来到北平，在辅仁大学和清华大学任教，身份是十月革命之后流亡中国的白俄。

史氏刊在《清华学报》上的长文，探讨的是所谓"乌拉尔－阿尔泰假设"。这一课题与中国民族关系密切，但对中国学界而言，是完全陌生的，直至20世纪30年代初，有丰富西学修养的傅斯年、胡适，甚至陈寅恪先生，语言学大家赵元任、李方桂先生，都不曾涉及。就笔者浏览所及，数十年来国内学人从未征引过这篇文章，更没有人予以评论。

"文革"之后，开始有一些文章介绍和回忆史禄国，其中最重要的当属费孝通先生的深情回忆。史氏是费先生去英国留学前的老师，对费先生学术思想的形成，实有巨大的影响。史氏还是俄罗斯现代人类学的奠基者，是20世纪全世界最重要的人类学家之一，他对通古斯和萨满教的研究举世闻名。但当年他在《清华学报》发表的长篇巨制，中国学界竟然在数十年中视而未见，足以看出国内这个领域研究之薄弱，实在是时代造成的悲剧。

史禄国1887年生于俄罗斯中部的苏兹达尔。因出身帝俄世家，接受了西方的传统古典教育，通晓多种语言。1906年前往法国巴黎留学，1910年返回俄国，在圣彼得堡大学和帝俄科学院从事科研工作。1912年，他第一次去贝加尔湖地区进行田野调查。1913年至1917年，他在广阔的西伯利亚进行了多次考察，足迹遍及贝加尔湖地区、黑龙江流域、雅库茨克等，还到过中国东北。

史氏的研究范围广泛，包括民族学、考古学、体质人类学和语言学。十月革命之后，他在1918年去往海参崴的远东大学人类学部工作，几年之后的1922年，他失去了职位，无以立足，只能迁居中国。在中国期间，他先后在上海、厦门和广州任教，1930年去北平。同时，他也在福建、

1935年3月清华大学社会学系师生摄于大礼堂前，前排左二起为吴景超、潘光旦、史禄国

广东、云南等地和东北地区进行田野考察，并撰写了多种著作。1939年10月19日，史氏在北平逝世。

由于不能继续用俄语著述，不能在苏联刊物上发表文章，近二十年岁月里，史氏只能在其夫人帮助下，使用英语写作。虽然也向欧洲的学术刊物和出版社投稿，但因身在中国，他大多数的论著都发表在中国出版的英文刊物上。另外，史氏夫妇在中国过得非常寂寥，尽管也有和中国学者的少许交往和互动，但知者寥寥，简直可以说是默默无闻，在清华园中也不为人知，绝大多数师生不知道他实为世界级的大师。费老在30年代作为研究生跟随史氏学习了两年，主要是体质人类学，并在他的指导下，于1935

年前往广西大瑶山进行民族志调查，费老将此行视为自己一生学术生命的开始。

史禄国最重要的学术活动是对说满－通古斯语族群的调查和研究。

"通古斯"这个名称原专指鄂温克部落。17世纪，俄国正向西伯利亚扩张，当时居住在那里的鄂温克人自称"鄂温克"，近邻雅库特人则称其为通古斯。俄国人沿用了这一称呼。此后，"通古斯"一词传入欧洲，并被引入语言学领域，成为一个语言系属的概念，现在一般称为"满－通古斯"。

满－通古斯语和通古斯人主要分布在中国和俄罗斯，现蒙古国的一些地区也有。中国的通古斯民族有满族、鄂伦春族、鄂温克族、赫哲族和锡伯族。俄罗斯的通古斯人有埃文基（鄂温克）人、埃文尼人、涅吉达耳人、那乃人、乌耳奇人、奥罗克人、鄂伦春人、奥罗奇人和乌德盖人。

18世纪，瑞典人菲利普·约翰·冯·斯特拉伦伯格（Phillip Johann von Strahlenberg）在西伯利亚居住期间，收集了大量突厥语、蒙古语、芬兰－乌戈尔语和其他语言的材料，于1730年在斯德哥尔摩发表文章，把这些语言统称为"鞑靼诸语"。1844年，芬兰著名学者卡斯特伦（Alexander Castrén，1813–1852）在其著作中将芬兰－乌戈尔语、萨莫耶德语、突厥语、蒙古语、通古斯语等归为一个语群，称之为阿尔泰语言（Altaischen Sprachen）。由于乌拉尔诸语和阿尔泰诸语在类型上相当一致，在词汇、语音和语法方面也有些共性，有的学者就把两者联系起来，称为"乌拉尔－阿尔泰语系"。现在这个假设已被大多数学者否定。至于阿尔泰语系（包括突厥语、蒙古语、通古斯语）一说能否成立，学界至今尚在争论中，不过国内多数研究民族语言的学者似乎认同此说。史禄国在语言学和人类学理论方面造诣很深，1931年的这篇长文，在笔者看来，就是想把"乌拉尔－阿尔泰假设"原原本本介绍给中国学界。可惜，当时中国学界尚未做好准备，文章影响甚微，引用率几乎为零。该文在国际上却颇受重视，在上世纪70年代初还出版了重印本。

史氏的通古斯研究，许多成果体现在他的两本专著中：一本就是上文提及的《北方通古斯的社会组织》；另一本是《满族的社会组织——满族氏族组织研究》（*Social organization of the Manchus: A study of the Manchu clan organization*，1924）。两部著作都有中译本：前者由吴有刚、赵复兴、孟克翻译，内蒙古人民出版社1984年出版；后者由高丙中翻译、刘小萌校阅，商务印书馆1997年出版。史氏其他的重要著作，如1935年在英国出版的《通古斯人的心态》（*Psychomental Complex of the Tungus*，London：Kegan Paul，Trench，Trubner & Co）和一些重要论文，则没有中译本。他的遗著《通古斯语词典》（*A Tungus Dictionary*，与俄语对照），根据其夫人提供的手稿，1944年由日本民族学会出版，1953年再版，国内很难见到。

史禄国在研究中非常重视体质人类学，除了通古斯人外，还在中国多地进行人体测量，写成《华北体质人类学》（1923）、《华东及广东省体质人类学》（1925）等著作。费孝通先生在《从史禄国老师学体质人类学》一文中对史氏研究使用的方法和得出的结论进行了详细的说明。费老认为史禄国用类型比较法对东亚地区人群的体质类型进行分析，并勾画出东亚人类过去六千年中在地域上的流动过程，这是把生物科学和人文科学相结合的一个例证。费老本人经过十余年的深入思考和长期不断的调查研究，在1989年提出"中华民族多元一体格局"理论，在很大程度上也是得益于史氏的教导。

史禄国认为通古斯人的原始故乡在今天的黄河和长江中下游地区。大约在公元前一千纪，受到西来民族的压力以及东面沿海居民的抵制，原通古斯人大部分取道中国东北地区向北迁移，进入了贝加尔湖地区和西伯利亚，后分为南北两部，生活在中国东北的南通古斯人就是后来满族的核心。史氏指出，通古斯人的敞口衣服不适宜西伯利亚的严寒气候，是从南方带过来的。这一观点受到当时苏联学者的严厉批评，考古学证据和现代的分子人类学研究成果也未能予以证实。他还认为：公元前三千纪时，中国的北部、东北部、今朝鲜和西伯利亚等地都居住着古亚细亚人，说古亚细亚语（或称古西伯利亚语），这一论断却是相当重要的。最近，美国语言学家瓦吉达（Edward Vajda）提出，中西伯利亚的叶尼塞语（克特语）与北美纳－得内语具有深层联系。还有语言学家撰文指出，汉藏语系使用前缀构词的方法，与纳－得内语的构词方法比较，可以证明这两个语系之间或存在亲缘关系（这些前缀在各自语系内均为单数代名词的起始辅音）。史氏论点的前瞻性和启发性，可见一斑。

史氏1934年在辅仁大学用英文出版了一本小册子，题为 *Ethnos: An Outline of Theory*（书中的主要观点和术语在1923年的俄文著作中就已提出）。ethnos 不是英语词汇，而是来自拉丁语。之所以如此，是因为他用词极其严谨，对相关概念反复推敲。他认为：ethnos 是人的群体，说同一语言，自认为出于同一来源，具有一套完整的风俗和生活方式，用以维护和崇敬传统，并且以这些来和其他群体作出区别。很明显，这一定义和我国解放后随着民族识别工作开展而深入人心的民族概念相当接近。

史禄国一生以学术研究和实地考察为志业，却没有显赫的名声，也没有建立自己的学派。上世纪30年代，苏联当局为一些原无文字的通古斯民族创制了文字，他写了一篇评论文章，题为《通古斯文学语言》（*Tungus Literary Language*），在苏联自然不可能发表，于是便寄给了著名的波兰语言学家科特维茨（W. Kotwicz，1872－1944），准备在科氏主编的《东方学年鉴》上刊登，可惜未果。最终，幸有日本学者从档案中寻出此文，加以整理，刊载在《亚洲民俗研究》（*Asian Folklore Studies*）第50卷上，那已是1991年之事，整整五十五年之后！

在今天的俄罗斯，史禄国已享有崇高的声誉。不过据最近研究，他的名著《北方通古斯的社会组织》始终未出版正式的俄文本，只有苏联时期一个供内部参考的译本，由翻译家戈尔林（Alexandr Nikolaevich Gorlin，1878—1938）翻译。俄罗斯也没有出版过史氏的传记，甚至连一个比较完备的著作目录都编不出来，究其原因，当是现存的资料太少，史氏本人又极为沉默，留下的档案材料有限。笔者接触过的国外汉学家和其他专家，每言及于此，都深有同感，为之叹息。

"人不知而不愠，不亦君子乎？"生平坎坷而学术成就辉煌，对于像史禄国这样的大师而言，无论生前的颂扬，还是身后的哀荣，都是不足道的。他对自己终生的探索，有着坚定的自信。诚如陈寅恪先生所言："先生之著述，或有时而不章。先生之学说，或有时而可商。惟此独立之精神，自由之思想，历千万祀，与天壤而同久，共三光而永光。"

谨以此小文纪念史禄国诞生一百三十周年，他的思想和学术定将永垂不朽。

齐白石"演电影"

艾俊川

1955年，中央新闻电影制片厂摄制彩色纪录片《画家齐白石》，为老人留下珍贵影像，其时他已年逾九旬。

不过说起演电影，齐白石这不是第一次。

民国十一年（1922），陈师曾带着自己和齐白石的作品东渡日本，参加第二次中日联合绘画展览会，结果大受欢迎。齐白石的画不仅全部卖出，还得到在国内不可想象的善价："听说法国人在东京，选了师曾和我两人的画，加入巴黎艺术展览会。日本人又想把我们两人的作品和生活状况，拍摄电影，在东京艺术院放映。这都是意想不到的事。我做了一首诗，作为纪念：'曾点胭脂作杏花，百金尺纸众争夸。平生羞煞传名姓，海国都知老画家。'"（齐璜口述、张次溪笔录《白石老人自传》）这是齐白石画作获得世界声誉的开始。当时电影是否拍摄，没有下文，但八年之后，喜爱齐白石绘画的日本人终于为他拍摄了一部电影，

43

此事今天还有踪迹可寻。

樊樊山的绝笔诗

民国二十年（1931）8月31日的《申报》，发表了作者
"绡"写的《志樊山先生之最后遗作》，其文云：

> 恩施樊樊山先生增祥，为一代宗匠。主持骚坛数
> 十年，不幸以中风疾殂，享寿八十有六。先生生平所
> 为诗，除已刊者外，有两万余首之多。其最后遗作，
> 实为客冬所作之《〈丹青诀〉电影歌为齐白石林实馨两
> 画师赋》。歌云：
>
> "有宋影戏始阜宁，雕绘人物蒙以缯。偃师提挈歌
> 且舞，日月不照光在灯（见吕惠卿对荆公语）。迄今
> 七百有余载，浲南渭北制作精。圆颅方趾不可见，刚
> 如剪贴纸一层。海邦晚出擅淫巧，以电摄影罗万形。
> 登场怳疑游镜殿，事事物物俱有情。独惜欧美师郑
> 卫，探腰杨柳唇接樱。东瀛有意整风俗，雅正力与奇
> 衺争。中华字画有嗜癖，岁币百万收吴绫。酒渴诗狂
> 齐白石，机声灯影林实馨。以二画师为导演，扬州八
> 怪逞其能。画中有画影中影，风雅好事推伊藤。携林
> 就齐商绘事，蛾眉并是高材生。齐也白髯气郁勃，林
> 也鬈发云鬅鬙。短布衣裁周伯况，敝袍纸补庾兰成。

时维九月暖寒平，东篱菊秀风日晴。两贤解衣势磅礴，溪藤端玉陈中庭。曹衣吴带风水别，粗文细沈神鬼惊。雍邱苏米接长案，一日宣笺百幅盈。画成美人恣题品，汝南月旦皆真评。自入门至评画止，神工意匠烦经营。一幅一画照药镜，一灯一影呈纱屏。一人一态无亵嫚，士则狂猖女则贞。影出蝉嫣过千尺，伊藤卷纸归东京。东人雅爱樊山笔，影中惜少画妃亭。"

《丹青诀》影片，为日本横滨银行伊藤为雄氏所摄制，吾国画师齐白石、林实馨两氏所导演，故诗中云云。以此为题，脱令他人为之，直无从下笔，樊山先生好为其难，举重若轻，洵不愧骚坛盟主也。

按先生为逊清丁卯翰林，累官江宁布政司，所至有政声，而悉为诗名所掩。民国以来，作春明寓公，优游自得，好奖掖伶人，男女伶人因以成名者甚众。今岁逝世时，外间所传原因，多非事实。以予所知，先生在客岁重阳日，曾应曹经沅约赴天津登高。到津后，陈弢庵、夏寿田诸先生以先生年高，为之登报增加直例，有"樊尚书"语，清室忽函各报，声明伪冒。先生郁郁不乐者累日。已而其最钟爱之孙女某，又撄病夭折，先生痛之，自此胃纳顿减，思想亦趋悲观，未几又跌伤足，愈而复跌，不能兴，然犹不废吟咏。后罹中风不语症，医药罔效，遂溘然长逝。即以不语，故无遗嘱，而最后遗作《〈丹青诀〉电影歌》，则中风

不语前淹滞病榻时所作也。（按：原文所引樊山诗间有
讹脱，今据各本校订。）

这篇文章透露了几个信息，即樊增祥的病因和死因，
齐白石在1930年9月"导演"了一部电影《丹青诀》，樊山
为电影题写长歌，并成为他的绝笔。这些事，在以往齐白
石研究中少见述及。

樊增祥晚年赴津招致不快事，徐一士曾为揭出。他的
《樊增祥与易顺鼎》一文云：

去岁樊忽与清室发生一桩公案。樊在津鬻文字，
其登报之启事，标题《樊山尚书文字润例游津暂定》，
谓："樊山尚书，吾国名宿，今年八十有五，有安乐行
窝之兴，同人奉约来津，为重九登高之雅集。凡在津
名公韵士，愿结文字因缘者，尚书均乐于酬答。"阅者
颇讶，其在胜朝仅官至藩司，虽好以尚书、侍郎称民
国之为总、次长者，而本人尝为顾问、参政，亦不能
以"尚书"相拟，或近邀逊帝特进崇衔耶？未几，报
端乃有清室驻津办事处委托律师所登启事，谓："查
樊山为樊增祥别号，增祥由江宁藩司革职，人所共
知……诚恐有不肖之徒，见他人自称穹官，无人追究，
遂更肆无忌惮，窃名欺骗，于清室关系甚大，不可不
预为郑重申明。"词甚峻激，闻实有为而发，非专对

樊，特于樊自亦有所不快耳。(《一士谭荟》，中华书局2007年版，第355页)

樊樊山平生多逸事，这也算是他最后的"掌故"了。

《〈丹青诀〉电影歌》虽然像樊山的其他两万首诗一样，生前未及发表，但在他身后很快面世。樊山逝世于1931年3月14日，数日后上海《新闻报》的副刊《快活林》即刊出他的门人、歌中另一位主人公林实馨的悼念文章，其中披露了这首长诗，然后被"绡"引用。《快活林》现在不易见，但常熟人徐兆玮当年3月22日的日记记下此事：

> 今日《新闻报·快活林》，林华实馨记樊山老人逝世，中有遗词传诵一条云：
> 客冬横滨银行伊藤为雄氏在平摄制《丹青诀》影片，导演者齐白石及实馨二人。此片麦传中日，后实馨至老人宅谈及此事，老人应实馨请，作长歌纪事。病中之长歌，字字珠玑，以此为最。其歌曰：(诗略)此题若时贤为之，直无从着手，老人好为其难，以两君皆挚友故。若他人欲得此诗，虽千金不易也。双十节樊山。(《徐兆玮日记》五，黄山书社2013年版，第3370页)

"此题若时贤为之，直无从着手，老人好为其难，以两

齐白石篆刻"老年流涕哭樊山"

君皆挚友故。若他人欲得此诗，虽千金不易也。双十节樊山"云云，乃是樊山诗后题记，"绡"的文章檃栝道出，可见是引用林实馨的文本。惟"绡"文说樊山在民国十九年（1930）重阳节后虽屡次跌伤，"犹不废吟咏"，再后来才中风不语。这一年重阳节为公历10月30日，比樊山作《〈丹青诀〉电影歌》的双十节还要往后二十天，自与"绝笔"说法有些龃龉。但此诗为樊山最后作品之一，总无疑义。

光绪二十八年（1902），齐白石第一次出湘远游，年底在西安见到陕西臬司樊增祥，就受到樊的赏识，并为他亲拟、亲书刻印润例，可谓有知遇之恩。民国后齐白石定居北京，樊樊山也息影燕市，二人诗画往还，唱和不绝，樊山并为白石选定诗草，为其父母撰写墓志，这些都让白石心存感激，视为知己。樊山去世后，白石的悲悼之怀难以形容，特意刻了一方"老年流涕哭樊山"印，并作诗云："似余孤僻独垂青，童仆都能辨足音。怕读赠言三百字，教人一字一伤心。"樊山在衰暮之年，为齐白石出演的电影题写长歌，实在是二人"挚友"之谊的最好见证。

"演员"林实馨

　　樊樊山的诗，更重要的是记下了《丹青诀》这部已不知所踪的电影的基本情况：1930年9月某日，日本人伊藤为雄与画家林实馨来到齐白石家中。齐与林二人在院中摆下画案作画，并请来女学生围观。二人作画百幅，众人逐一品题，然后由伊藤卷起，携往东京。这个电影，除了摄下齐白石对案挥毫的画面，更透露出他画名鼎盛时向海外售画情景之一斑。

　　虽然诗中说"以二画师为导演"，但在这部纪录片中，二人实为主演，伊藤才是导演。另一位画师林实馨，名华，以字行，福建闽县人。林实馨能作诗文书画，曾入林纾城南古文讲习会听讲，列名《林氏弟子表》。后来他遂以林纾之侄的名义，结交京城文人，以鬻卖诗文书画谋生。他曾

林实馨（左）和他的女弟子，摄于1935年

组织中华画会，自任会长，并于民国十八年（1929）将画会扩充为林实馨诗文书画研究馆，在东城大佛寺开馆，招收门徒。1930年3月《上海画报》第570期有郑天放《鸡林声价之名画家林实馨》短文云：

> 闽人林实馨（华），奇士也。幼耽绘事，性至孝，天资聪颖。民国十年春，曾由其师友樊樊山、郑苏戡、马通伯、姚茫父介绍，以诗文书画问世。彼时问津者，即不乏人。近年来林君艺事蒸蒸日上，而求字画者，大有门限为穿之势，日人不远重洋求见，长春边业银行王经理、哈尔滨交通银行陆钧石，曾收藏林君字画甚多。近闻林君因画不应供，将再行四次增润云。

据此得见林实馨的书画在日本也有市场，所以伊藤为雄会邀请他与齐白石同摄电影。

齐白石与林实馨也有笔墨交情。民国十六年（1927），林母孟太夫人七十寿辰，前一年林实馨自绘《寒灯课子图》，广征题咏，一时名流陈宝琛、樊增祥、卓孝复、姚华、郭曾炘、王树枏、陈衍、吴闿生等均有题赠。齐白石也受到邀请，他却未在图上题诗，而是在丁卯（1927）正月画了一幅松树立轴为寿（此画现藏西安美术学院），题云"实馨仁兄属画寿孟太夫人"，并另作长题云："实馨仁兄为尊太夫人所画《寒灯课子图》，本欲奉题，因樊山老人有诗

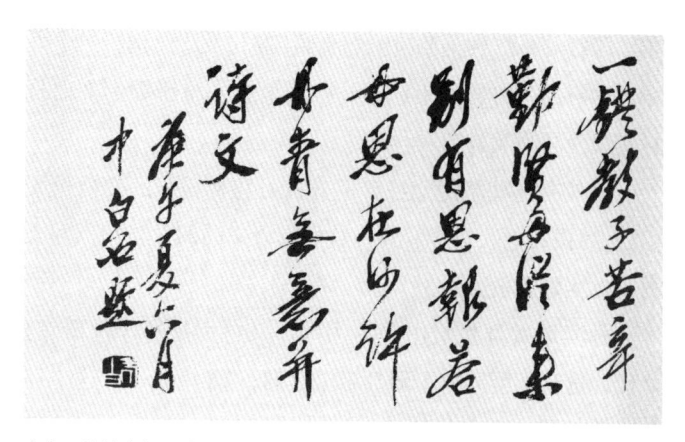

齐白石为林实馨题诗

在上，眼前有景说不得也。齐璜请谅之。"（《齐白石全集》
第2卷，第303页）益见白石对樊山的尊重。至民国三十一
年（1942），林母去世，翌年林实馨将《寒灯课子图》及诸
家题咏编辑出版，复请白石题跋，白石遂在画幅上方篆书
"林母寒灯课子图"七个大字，署款"八十三岁齐璜"。

因陈宝琛《题林母寒灯课子图》诗中有句"莫忘书味
一灯时"，林实馨遂以"一灯楼"为名，陆续出版诗文书画
集。民国十九年（1930）先印行《一灯楼扇面》，樊樊山及
齐白石等均有题赠，白石题诗云："一灯教子苦辛勤，贤母
从来别有恩。报答母恩在何许，丹青无意并诗文。"黎锦熙
辑《白石诗草补编》第二编收录此诗，字句略有不同。民
国二十六年（1937），林实馨印行《一灯楼诗集》；二十七

年，印行《一灯楼集》，内含词钞、联句及诗续集；二十九年，印行《一灯楼文集》，将《〈丹青诀〉电影歌为齐白石林实馨两画师赋》列入卷首。

虽然有这些笔墨交往，但齐白石与林实馨的交情仍属泛泛。《白石老人自传》曾历数居京以来的旧友新知，并未提及林实馨之名。

林实馨曾拜樊樊山等人为师，又自称是林纾（琴南）之侄，这让他能以寒士厕身名士之列。"琴南犹子"这个身份，给他带来声名与利益，与他交往的诸老辈，应酬文字中多会提到与林纾的交情。但这个身份却是假的，林实馨除了可能听过林纾几次课外，二人并没有更亲密的关系。他是林纾侄子的说法，纯为自己编造。除了在社会交往中以此自诩外，林实馨甚至在为父亲林金秀（字式如）撰写的《先府君墓表》中，还坚持这个谎言，说林金秀"与兄琴南先生，同居十余年，怡怡如也。每际夏月，两人徒步后屿，乡沽村酿，月下赏荷，酒酣，不知生之与死"，这就未免过分了。林金秀世居横山，父亲名林文冠，祖父名林孔嘉。林纾家居莲塘，父亲名林国铨，祖父名林邦灏。两家既非同乡，更非同族。自古冒名人之后招摇蒙撞者多有，但将冒认之人写入先人墓志的，实属罕见。

自民国四年（1915）父亲卒后，林实馨即离乡来京谋生。从他撰作的文字看，直到民国三十一年母亲去世，近三十年里，他给母亲寄过钱，但并没有特别的孝行。然而在民国三十二年，林实馨由学生出面，呈请北平市政府旌表孝子，于3月获得社会局颁发"孝行可风"匾额。他随即编印《林母寒灯课子图题咏集》等书以为标榜，其中罗列各界名流赞颂诗文，居然有周作人的一首诗。

在林母"挽诗"中，第一首是王揖唐的诗，第二首题为《林实馨先生丁内艰特以诗唁之》，下署"绍兴周作人知堂"。诗云：

> 闽峤山中一草庐，堂前爱日自篝簾。诗篇每谱陔兰句，绘事争传画荻图。岂意春晖方待报，忽惊西崦已云徂。遥知立雪诸君子，忍听莪蒿卒读无。

民国三十一年（1942），王揖唐任伪华北政务委员会委员长，周作人担任华北教育督办，有无必要应酬林实馨这样的人，值得怀疑。而且以我们对周作人的认知，他也不会写这种格调的诗。当时林实馨在北平开办书画学校，授徒谋生，需要拉周作人等给自己充门面，从他多年假冒身份的行为看，这首诗很有可能也是假造的。是耶非耶，留待知堂研究专家去判断。

"画事知己"伊藤为雄

虽然林实馨也"出演"了《丹青诀》，并且请樊山写诗，传下这一往事，但他显然是个配角。就《丹青诀》电影来说，戏里的齐白石和戏外的伊藤为雄，才是真正的主角，而在齐白石盛名时期的朋友圈中，也是如此。

在2011年之前，人们除非读到樊樊山的《〈丹青诀〉电影歌》，否则很难知道齐白石有伊藤为雄这样一位日本友人。但2011年，齐白石写给伊藤为雄的六十余封书信，出现在嘉德拍卖公司和香港佳士得拍卖公司的秋季拍卖会上，书信中透露出的信息，让我们认识了伊藤为雄其人，也藉以了解齐白石向日本售画的情景。

前文说过，齐白石作品真正遇到知音，是从1922年在日本参加第二次中日联合绘画展览会开始的。此后他的画作风行日本，被大量收藏，但是通过何种途径、何人中介，一直不太清楚，《白石老人自传》中也基本没有道及。现在来看，伊藤为雄就是一位重要的中间人。

伊藤为雄是横滨正金银行在中国分行的职员，先后在北京、大连、烟台分行任职。他既是齐白石绘画的爱好者、收藏者，又经常介绍日本人来购买白石画作。他还帮助齐白石办理一些生活中的琐事，被白石视为忘年的朋友。

民国二十三年（甲戌，1934），伊藤为雄从北平调任大连，齐白石题赠照片为别，说："伊藤仁弟乃余画事知己也，今欲之大连，来借山馆作别。余与相往还十又四年矣，赠此伤如之何。甲戌七月，小兄白石璜。"流露出深深的惜别之情。由此上溯十四年，是民国十年（1921），那时齐白

1934年齐白石题赠伊藤为雄
照片，2011年嘉德秋拍

石尚未在日本得名。最后的通信有民国二十七年（1938）9月的，二人交往至少持续了十八年。

　　齐白石和伊藤为雄两人经常互相拜访，齐白石画好了画，会亲自给伊藤送过去，新年的时候去贺年，并赠送家乡特产的麻菌。伊藤则为白石做了很多杂事，如帮他在正金银行办理存取款业务，为胡宝珠生产代请接生者，代买刀、木履、日本产"巧锁"，有应酬时为他陪客或拒客，等等。

55

　　艺事方面，齐白石几次向伊藤赠画，如赠端节图、赠画牛，又直言不讳地为伊藤鉴定所买古今字画。如曾鉴定一画册，说："白石今年七十又一矣，经看古人之画，不计几千万纸，若论真本，万中无一。承问此册，伪本中之最丑者。"白石七十一岁，是在民国二十三年（1934），惟所看画册不知是谁的作品。又曾看八大一画："八大山人之画，未必真，若价廉，留之可矣，较他伪本可观也。"还曾鉴定吴昌硕和陈半丁两位同时人的作品，结果有真有假："老缶之画，当作真看"，"承送来芙蓉画一幅，伪本也。不能应命，请使人取归。若有半丁真迹，余补添虫子可矣"。齐白石鉴古之论不多见，此寥寥数语，弥足珍贵。

　　齐白石也为伊藤鉴定自己的作品："二画，皆非余画也。吾弟喜在琉璃厂收买画件，谚云，图贱买老牛。牛虽老，不能耕田，还是一牛，喜买假画，画假，一文不值矣。"末书"伊藤仁弟鉴言"，可谓语重心长了。

　　齐白石致伊藤为雄的信，更多内容涉及画作交易。伊藤向齐白石订购了大量画作，其中一些题写上款，应是自己收藏的，不题款的也许拿去转卖。从信中看，伊藤订画，动辄五六张、十几张，有一次多达二十二张。他致送的画润，多的一笔有一百九十二元。可见，在上世纪二三十年代，伊藤为雄是齐白石画作重要的买家。1967年，日本求龙堂出版杉村勇造所编《画人·齐白石》，内收画作有多幅题写"伊藤先生"上款，当即伊藤为雄所藏。

除了自己收藏、转卖齐白石画作，伊藤为雄也介绍一些日本人买画，并代收代转润金。他喜欢擅自减润或打折，这让齐白石颇为不快，多次在信中要求按润格付钱。如："四尺四幅，交来足转呈。润金收到，此后如承介绍，请按润格为幸。""承送之数收到，只是刻字减半价，请吾弟往后勿介绍可矣。""柏年润金，承先生遣送，甚感。只是先生又为我短去四元八角，何待柏年之厚也？""又承介绍画五条，按旧价九元二角。弟既与上海友人接应，白石不能却。下次若有要按旧价者，请弟辞退，白石不愿画也。"言者谆谆，听者藐藐，未始不是对老人的一种伤害。

齐白石的信，有一封谈及他的山水画创作及画润，可作画史资料拈出。这封信说：

> 伊藤仁弟：居于北平之卖画者，二尺山水，需五六十圆，三尺需银尤多。白石之画山水，似不在诸人之下，其价独廉。过此年节，四尺花卉，长价廿四圆（实得二十圆，以四元作为介绍人之车费）；四尺山水，长作七十二圆（实得六十元）。白石之山水，看来觉容易画，画来太难（不喜用别人稿本，画局奇特不易），愿吾弟少介绍画山水为幸。若有人一定要画，请弟代收三十六圆，不胜感谢之至。若是吾弟自家要一条两条壁上挂挂，白石断不受润金，当奉赠也。此事承弟关切，即请谅之。兄璜复。

1925年齐白石为伊藤为雄作《岱庙图》，
2014年香港苏富比春拍

这些与《丹青诀》同时的书信，为电影的由来写下注脚。作为齐白石画作的收藏者和经营者，伊藤为雄拍摄电影，既为介绍白石画艺，也不乏商业考虑。从樊山"一幅一画照药镜，一灯一影呈纱屏……影出蝉嫣过千尺，伊藤卷纸归东京"诗句看，将这次现场作的画摄入电影，也有为日后东京卖画证真的意图存在。

香港苏富比拍卖公司2014年春拍图录关于齐白石《岱庙图》的介绍文字说："1931年，他（伊藤为雄）为齐白石与福建画家林实馨拍摄电影，在东京影场连映五日，无不满座，当时报纸记载：'在野名流，如犬养氏，亦到场参观，赞美我国丹青妙绝不置（按原作"妙不诀置"，欠通，以意改）。'"可见民国报纸对《丹青诀》上映曾有报道，惜未说明出处。近年来，伊藤为雄收藏的齐白石画作频频面世，《岱庙图》即为其一，但《丹青诀》电影是否无恙，迄未可知。今后这部齐白石出演的电影若能重出人间，当比挖掘出几幅老人画作更加令人期待。

我所知道的陆鸿年及其他

扬之水

　　丁酉六月，得侄婿所赠新星出版社新出的一本《别了，北平：奥地利修士画家白立鼐在1949》（雷立柏编注）。白立鼐的名字对我来说很陌生，书的题目也不是平日我所关注，展卷方知书里写到陆鸿年，并且收录了他和白立鼐的合影以及他送给白立鼐的画作，画作今藏罗马圣言会会院，其一是圣母抱着圣婴，圣母却是玉立在云朵中一位清丽端妍的中国古典美人。关于陆鸿年，书里专有这样一节：

　　　　陆鸿年的祖先来自江苏省太仓县。他的祖父和外祖父清朝时均在北京当过高官。他的父亲在民国时期也一样是高官。陆鸿年1914年生于北京。他这样回顾他的童年："我们的欧洲友人有时候寄给我们一些贺卡，虽然我当时是个小孩，但也保存了几张基督教的明信片。其中我特别注意到一幅这样的画：耶稣祝福孩子。当时我就问我母亲：'为什么图中没有中国孩子呢？'妈妈说：'耶稣爱所有的人，包括中国人，但这幅画是欧洲人画的，因此这个画家只画欧洲面孔呀。'那时我就说：

陆鸿年画作

'我以后要画一些新的画，在我的画上耶稣也会祝福中国的孩子。'"陆鸿年先在家里上私塾，后来他在新式的小学和中学上课。在上高中期间他参加了一个绘画小组。毕业后，陆鸿年于1933年考入辅仁大学的美术系。1934年秋，他受到白立鼐修士的鼓励并为圣诞节的画展画了第一幅有基督教特色的画。1946年，陆鸿年毕业并在绘画比赛中获得第一名，此后他成为辅仁

61

《我主圣传图》，辅仁大学师生展品精选，收录陈缘督、陆鸿年等四人所绘故事图二十四幅（珂罗版印制黑白图），英国ROFFEY & CLARK公司印刷，软精装，大三十二开本，1938年初版，此后二十年多次重印，此为1940年版。下图为内页陆鸿年画作

附中的绘画老师，兼古物陈列所国画研究所研究员。
1944年他成为北京辅仁大学美术系的老师，1945年成
为美术系的秘书。他于1950年4月8日加入了天主教
并受洗。当年的一篇报道这样赞扬他："辅仁大学为鸿
年崭露头角之基地，亦为造就鸿年一生事业根基的摇
篮。时鸿年对壁画饶有兴趣，校中有白教授，系奥地
利籍，教授壁画。鸿年固有心人也，常于课外独访白
氏诚恳求教，白教授为其讲壁画技法，以及西方壁画
的制作方法等，鸿年又多方找寻中国壁画资料悉心钻
研。1936年毕业时，鸿年不但居美术系考试总分之第
一名，毕业典礼上，校长陈垣先生当众宣布鸿年为本
届毕业生之'状元'。"（见柯博识《私立北京辅仁大学
〔1925—1950〕》，第363页）。

我与陆鸿年先生勉强可以算作姻亲，——乃外子侄婿
的外祖父，虽然没有谋面之缘，也无任何交往，不过侄女
婿后仍依家而住，共灶而食，不仅平日交谈中常听侄婿讲
述先祖故事，且每以故物和手泽相示，因此竟觉得距离很
近。何况陆先生从事的壁画研究与临摹都是我一向关注的
古代遗存，他走过的地方，诸如山西、河北的十数所寺院
道观，我也曾不止一次前往。

雷立柏编注的《别了，北平：奥地利修士画家白立鼐
在1949》（以下简称雷著）提到陆鸿年"祖父和外祖父清朝

时均在北京当过高官"，这里不妨再明确一下。陆鸿年的祖父名陆宝忠，是光绪二年（1876）的进士，入翰林，曾出任湖南学政，官至礼部尚书，光绪三十四年（1908）病卒，谥文慎。有《校经堂二集》、《陆文慎公墨迹》、《陆文慎公奏议》等，今存中国国家图书馆。陆鸿年的外祖父名徐郙，同治元年（1862）的状元，曾出任江西学政，光绪二十六年（1900）为协办大学士、礼部尚书，世或称"徐相国"。陆、徐二人的字很讨慈禧太后的喜欢（近代刘声木《苌楚斋三笔》卷四云孝钦显皇后晚年，"常谕徐郙字有福气"），颐和园乐寿堂有徐郙的对联，也有陆宝忠书匾。故宫各式建筑的内装修每以翰林书画点缀风雅，乐寿堂仙楼隔扇的回纹灯笼框卡子花夹纱、符望阁碧纱橱的紫檀回纹嵌玉灯笼框夹纱也分别有陆宝忠和徐郙的字（《故宫建筑内檐装修》，图一三五、图一七七，紫禁城出版社2007年版）。印象中，历代状元多半不是拼才华而是拼勤奋，徐郙的状元也是先有落第的折挫，之后以"三年不窥园"的苦读方才成就。从此"勤奋"便成为家训。

陆宝忠的后代，去向各不相同，加入共产党，参加民主党派，从事科学研究，致力于发展经济，在各自的领域里各有建树，陆鸿年则是壁画家。

雷著说，"1946年，陆鸿年毕业并在绘画比赛中获得第一名，此后他成为辅仁附中的绘画老师，兼古物陈列所国画研究所研究员"。这一节记述有几处不确。陆鸿年乃

画家合作《新春试笔图》，作画者：吴幻荪，潘素，陈缘督，溥雪斋，黄均，吴光宇，李时霖，陶一清，陆鸿年（画竹），罗鸣，钟灵，周元亮，溥毅斋，徐石雪，齐白石（画雀鸟），高希舜，徐燕孙，马克西莫夫，俞致贞，陈志农，汪慎生，李苦禅（画蘑菇），王雪涛，董寿平，马晋，启功，张伯驹，吴镜汀，溥松窗。今藏中国美术馆

1936年在该届毕业生的考试中获得第一名，随即留校任美术系助教并兼辅仁附中绘画老师。1937年为古物陈列所国画研究馆研究员。而这个"研究员"，其实是学员。据昔年同为一期的研究员石谷风所记，1930年，北平古物陈列所在武英殿后宫创办国画研究馆，钱桐所长兼任馆务，招收北平各美术院校毕业生来此继续深造。研究馆以清宫旧藏古画为临摹资料，所聘导师俱为当世名家，如黄宾虹、张大千、于非闇。学员一律称研究员，免费入学。陆鸿年1937年入国画研究馆，同学有田世光、俞致贞、王叔晖、黄均等四十余人。陆鸿年临摹的作品有顾恺之《女史箴图》，石谷风和他一起临摹了阎立本《历代帝王图》（石谷风《古风堂艺丛·陆鸿年的工笔重彩人物画》，天津人民美术出版社2009年版）。

出现在雷著里的陆鸿年是北京天主教画派的核心人

物——这是此前很少为人提及的经历——因此对他的介绍
止于1950年。陆鸿年后来是中央美术学院的教授，以壁画
名家，最可称道的一项事功，是1957年至1962年六次率队
往山西芮城永乐宫，完成了永乐宫各殿八百多平方米元代
壁画的临摹复制。陆鸿年口述《我的壁画生活》一文中记
道："1980年秋季，我奉上级指示接待法国巴黎国立人类博
物馆展览部主任古壁画家汤令仪女士，座谈时，她了解到
永乐宫壁画的迁移过程，不相信若干年后壁画能够完好如
初，便和我打赌一瓶香槟酒，她说二十年后要和我同去永
乐宫看望壁画是否有变化。我当时说，我们把永乐宫移到
芮城重建，两地经纬度没有什么差别，温湿度相同，壁画
也不会发生什么变化。1981年，我乘工作之便，第七次去
永乐宫，看修复好的壁画，旧地重游，再瞻壁画丰采，感
到十分欣慰。回来后恰好又见到汤令仪女士，我说，这次
要是打赌的话，再增加两瓶香槟酒，二十年后再去永乐宫，
是万无一失的。"永乐宫的搬迁，不是画家的决策，画家能
够做到的只是尽平生所学全力保持壁画原貌。陆鸿年先生
病逝于1989年，没有等到二十年之后。我在二十年之后曾
两赴永乐宫，迁址之前的壁画我未曾见过，但眼前的壁画
色彩鲜明，会是陆先生所深信的风采依旧罢。

　　陆鸿年的妻子小他十岁，是门致中嫡出的小女儿，当
年在辅仁大学读书。门家的府第之一就在与学校一墙之隔
的柳荫街。在校为师生，熟悉了，学生便常来家讨教，遂

结连理。喜堂设在徐郙宅第"状元府"，以后也就住在这里。一边是逊清名公的后代，一边出自西北军将领之门，这一桩婚姻已是门不当户不对，不过后此数十年的事情依然还有戏剧性。门致中1928年出任国民党宁夏省政府主席，1940年参加汪精卫政权，1944年任华北伪治安军总司令，在冀东曾与李运昌领导的抗日队伍交手，吃了败仗，而且败得很惨。这位年轻的李运昌司令，正是我那侄女的亲爷爷。

所谓"状元府"，原为东单附近苏州胡同里占地约七八亩的一所大宅院，家境中落后，一点一点卖掉了。当年徐家的老辈人说宅院的地下埋着金银，却不能知道确切位置。家中子弟曾掘地寻宝，然而无获。后拆掉宅院建造北京日报办公大楼，施工时真的发现窖藏金银。

离开状元府，陆鸿年的居所曾有一度是在栖凤楼胡同十八号，也是东单附近。不大的院门向南开，进门沿通道前行，一个两边种着石榴树的院子，掉转身来是一排北房，花砖墁地，明间会客，暗间卧室，间以碧纱橱。房前有很深的廊子，状元府前的一具下有四个兽足的盆景座在廊下做了石阶，算是唯一的旧家故物。窗边一个清光绪碧琉璃盆养水仙。按照"前堂后室"的说法，客厅卧室是并为前堂，后室则为厕所和厨房。旁侧的过道尽端一个明龙泉窑大罐做了米缸。客厅入门左手处一个占了小半间屋子的大画案，旁边两个并排放置的黑漆木箱，其中一个满放

马汉光致郭文贵等的15封手稿

着书。右手处横着沙发，旁边的书架上挨层放着石砚。厨房角落里一个破旧的八仙桌，不容易开启的抽屉里散落着积年不用的旧式银餐具。陆鸿年的收藏多半得自先祖，其中不乏御前颁赐之物。沧桑流年，总是世间好物不坚牢，家藏星散自是不免。陆先生的女儿晚年身体不大好，遂以作画自娱自乐。撇兰写竹，家藏出自宫中的一卷纸数日用尽。我也曾以侄婿所赠半丸清墨涂鸦。亲眼见到的尚有一部陆宝忠日记，虽是逐年排日的流水账，但今日看来却多为史料，若有机缘整理刊行，或不无研究价值。

陆先生的女儿便是侄婿的母亲，她找了一位老红军的后代——父亲在红一方面军，母亲在红四方面军——却是独子，在家里格外受宠，无论学业还是生活都很有追求。二人原是南开大学的同学，并为学生会的骨干。侄婿说，婚后数年，母亲"戏说"姻缘，道是因为自己出身不好，在择偶的时候便想到一定要找一个根红苗壮，却又喜欢"小资情调"的人，父亲正好符合这个条件。

侄婿闲来临摹古画，先是敦煌，后是永乐宫，也不时画几笔草虫。侄女沉迷于写诗，先是古体，后是现代派，却是从不发表。"诗歌是用来生活的，才华是用来挥霍的，每一天都有每一天的快乐，这就够了。"风日清美，自有声色。

画坛轶趣（中）

周昌谷

陈继生搨古董

50年代外西湖十八号国立艺专，改为中央美术学院华东分院，一般古董搨客，就简称为"华东里"。那时学院有个研究室，潘天寿先生被老区来的革命领导看作"封建画家"，不能上课，他每天来研究室上班，其实他的工作就只是收买搨客送来的古董字画。吴茀之先生记账，诸乐三先生一度被贬，到教务处抄布告。这一段时间，就是所谓对待国画虚无主义的路线（现在看来就是极左路线）。

陈继生是一个矮小的老头，留着两撇胡子，穿着蓝布长袍，活像一个戏台上的丑角、群英会上盗书的蒋干，来时必有一个蓝布包，包内或是古董，或是古画。那时古画瓷器不值钱，学校里的藏品，大部分是他搨来的。一张吴昌硕小中堂只卖八元，不少老师私人也以三五元买件瓷器玩的，有一些现在已经值到数千元数万元的了。我那时是研究生，更穷，只能以五角钱向他买一个破掉的宋龙泉双鱼小盆玩玩。从学校现在富有的国画藏品看，陈继生还是一个有功的人呢。可惜在"文革"中研究室放在外宾接待室的古玩散失了。有一次他拿来一幅王蒙的山水，要价九十元，在当时说已是一个大数目，而是否元画也不能确定，于是拿给住在栖霞岭的黄宾虹先生看。黄先生说："画虽不能肯定，但画得很好，如学校不收，我收了。"这样研究室才郑重讨论通过，向学校申请较大款子买下了。又有一次他拿来春宫册页，说是技巧很好，潘先生看也不屑一看，就叫他拿回去了。当时收藏画的还有文管会，别的就没有单位了。一次有一张八尺中堂八大山人的老鹰，没人要，他放在茶店门口（茶店是书画古董交易的早市），被余任天先生看到，问他多少钱。他说，文管会不要，华东里去了两次，第二次吴先生说："伪的，五角也不要！""你卖多少？""给三元罢！""好！给你五元。"这张八大山人的鹰，后来我曾见到，是真的，60年代被人以八百元购去，现在八尺中堂价就要在三万元以上了。

反右后期，学校搬到南山路，陈陇做了副院长，他似乎革命警惕性是很高的，他不认识的人很可能是特务。他看到陈继生，问他是何许人，为什么在学校到处钻。想不到陈继生不客气地回敬他说："我这种人，还不好找哩！"陈陇火了，一次在大会做报告，责备传达室门禁不严，让一个像特务的小老头自由地进进出出，可能窃取了学校的机密情报（？），该谁负责？自此之后，陈继生就不来华东里了。

杭州50年代的裱画铺

解放战争前后，杭州的裱画生意是很萧条的。资本家也不拿书画装门面了，一般的人又裱不起画，艺专的学生也没有钱。只有几个书画爱好者和国画教授们，才裱几张。杭州的裱画铺，除掉裱"红货"的以外（红货是红色的对联字画，系不高雅的低档货），有开设在岳王路的"聚珍斋"，主人是外号"小扬州"的陈雁宾师傅。"小扬州"的外号，据说是因他的技艺得他师傅"老扬州"真传而得名的。另一爿是开设在青年路的"游艺山房"，主人是绰号"和尚"的王以兴师傅，王师傅为什么外号叫和尚就不清楚了，可能是他的光头有点像和尚吧！"游艺山房"两间店面，解放前是一间裱画、一间卖古董的，后来古董没生意，就只剩裱画了。所以王师傅虽然文化不高，但看古董字画却在行。他是凭多年的经验才掌握古董字画知识的。1957年后，王师傅被请入美院主持裱画车间。另一爿是开设在竹斋街的，只叫裱画店，也不知店名，因为主人有点耳背，人家就叫他"聋彭"，要裱画，也只说"叫聋彭去裱"。久而久之，真名与店名都无人知道了。又一爿开设在佑圣观巷附近后街，外号"大点王"裱画铺，"点王"是绍兴话，一点加一个王字，就是"主"字，即店主之意。大点王可能姓王，三兄弟，另有二点王和三点王。二点王会裱古董锦盒子。这四爿店，我都去过。可能杭州还有其他裱画店，那我就不知道了。因为距外西湖艺专路近，和其他许多原因，我接触最多的是岳王路的"聚珍斋"，那时并不称他店号，也不叫陈师傅，连绰号也简略了。大家几乎一律地称他为"小扬州"，有时就直呼为"扬州"，陈师傅还点头哈腰说"是、是"。

"小扬州"吃画

那时裱画生意萧条得可以，有时真到了没有夜饭米的程度。这时陈师傅除兼做点古董捎客生意之外，就到栖霞岭黄宾虹先生家去要画，回来时艺专宿舍苏白公祠是必经之途，就来找我或别的青年教员。我是1953年毕业，下半年开始有饭钱以外的钱可以买几张画。黄宾虹先生在世，许多人都去讨，黄老又是有求必应的，但我不愿去讨，对黄老和他的艺术尊重，不敢开口。这时画很便宜，小立轴只要五元一幅，册页一二元一幅。当"扬州"或沈志明、陈继生拿来时，我总不愿还价，问他多少，他说你说吧，不会错的，那么我就立轴给他十二元，册页三元。他们回去后总说我的价给得最高，是个"大好佬"。我很爱这顶高帽子，后来着实地又做了几回"大好佬"。那幅十二元买的立轴1957年裱好后请潘老题过，潘老题曰："宾虹先生山水，由清溪石溪筑基，上追北苑南宫，长于运水用墨，真可谓得元气淋漓障犹湿者，此帧证之，寿题。"这幅画在黄老画中只能算中等，但经潘老一题，我更宝贵了，后抄家抄去，几经沧桑，又还到我手，现在还宝藏在我处。十二元购的册页四幅，1956年黄胄来信要宾老的画，我送了他二幅。

1953年李可染先生来杭州写生，住在艺专。我喜欢他画的牛，又不好意思开口，韩光复说李可染先生抗战期间在重庆时与他很谈得来，并为我要了一幅，后来将李先生试纸的一幅赠他的山水，也给了我，并带我去谢了李先生。这两幅画我都请"小扬州"陈师傅为我裱了。牛画方形，有上款，裱成立轴，山水是横长的，裱了个硬片。画就放在进修室的抽斗内，我们一行七人，动身到敦煌考察去了。回来之后，我整理素材，画了一幅《在草地上》、一幅《两个羊羔》，并且发现抽斗内藏李先生所赠的牛，因北边天窗漏雨，画上有了一圈圈的水迹，很不好看，于是要请陈师傅挖补。《在草地上》也挖补过，《两个羊羔》因画面很小（只有五尺四开一长条），如果画坏，只有重画一幅，不能挖补。当时陈师傅将李画重裱，挖去水迹，一点也看不出，我很佩服他的技巧。《在草地上》补了一次，也补好了，但是他却在《两个羊羔》的画与绫子之间，特别地加上一条小黑线。我以为小黑线不调和，在外国又是表示死了人的意思，所以请他去掉。结果重裱，画面被裁小了一圈。此画现藏中国美术馆，原作上是可以看出并没有挖补过而且小了一圈的。前不久，有人在《杭州日报》撰文，说《两个羊羔》请陈师傅挖补，挖补了画，画了再挖补，共三次。这恐怕陈师傅将这三张画的情况混在一起了。我和陈师傅说过我们合作的话，是指我们之间多次的合作，但并不是指《两个羊羔》这一幅。恐怕人家因为此画后来侥幸得了奖，可以耸人听闻，就强加于它，真是一传二传就变了样，差之毫厘，失之千里了。还要提到韩光复转赠我的李可染先生的那幅试笔山水，这是李先生不可多得的特别的画，因为试笔，他随意画了一些树木房子，土坡前是水，水上边有帆船，是随意点染的，一反常态是潇洒的白的山水，不是他一般厚重的黑的山水，笔墨很有趣味。他上边题着杜少陵诗："两个黄鹂鸣翠柳，一行白鹭上青天。窗含西岭千秋雪，门泊东吴万里船。可染试纸，乱涂如此。"此画后来在"文革"中被抄，他日有人见画又见此文者，就知道原来是我的藏画了。

50年代的一个冬天，刮着朔风，小宋和我偶然走过井亭桥，那时浣纱河未填，我们看见靠太平洋电影院的河边树立的高大的广告牌上，"小扬州"和沈志明在高高的梯上贴电影海报。一个裱画名手，一个修理古画的名医，为了生活竟是什么活都干了，不禁恻然，很想慰劳他们一下。

我知道他爱喝白酒，就走到对面一家糖果店里，买了一瓶西凤酒。杭州的店没有茅台酒和五粮液，西凤就算度数极高的名酒了。我们将酒放在竹梯脚下浆糊桶的边上盛工具刷子的篮子内，并向在高高梯上与朔风奋战的"扬州"师傅打了个招呼，指指篮子，走了。几天之后，见到沈志明，他说："那天晚上，我与'扬州'也横竖横了，本来是烧酒豆腐干的，今天西凤酒，索性就白斩鸡了，好一夜大醉！"

60年代他进了书画社之后生活就稳定下来了。70年代我病了，他的子女结婚，我都送画祝贺。我说，要是你从黄宾虹赠画开始，潘天寿、吴茀之……直到现在，都不吃掉，你可能是一个藏画名家了。他说："还是吃掉好，吃掉就没有事了。"我说我要送给你一张吃不掉的。于是我将他的肖像，画成一个穿袍子的"小扬州"，盘腿坐在松树底下，拿着个酒杯，边上还有一个篮子，篮子内盛有下酒之物。这张画，他一直挂在房内，再也吃不掉了。

沦陷语境中的耶律楚材

——汤尔和的心事

胡文辉

在惯常的现代中国文化史或知识分子史上，汤尔和不过是一位边缘人，一个小配角；往往在讨论周作人时，才会提起他的名字，尚不及吴宓之于陈寅恪、冒效鲁之于钱锺书。止庵曾指出"在周作人的一生中，汤尔和是极少数对他产生重大影响，使之追随其后的人之一"，此甚有见地；而他又说："从某种意义上讲，不充分了解北平沦陷后的汤尔和，就无法真正理解同一时期及其后的周作人。甚至可以说，假如不是接替死去的汤尔和，周作人对于担任伪教育总署督办的'考虑'可能有所不同。"（《重提"关于周作人的一些史料"》，《旦暮集》，山东画报出版社2012年版）重视则重视矣，但自然还是出诸周作人研究的视角。

而我是从"沦陷区／伪政权知识分子"的视角留意到此公的。

汤尔和遗像

汤尔和早年留学日本、德国,获柏林大学医学博士,返国后亦医亦政。创立北京医学专门学校(北京医科大学前身)并任校长,又创立中华民国医药学会并任会长;至1922年王宠惠"好人政府"成立,任教育部长,后又任内务部长、财政部长;1937年以后,在日占背景下的"中华民国临时政府"中任议政委员长、教育部总长,南京汪精卫政府成立后任华北政务委员会常委、教育总署督办。从这份履历看,其地位实甚显要,尤可谓专业知识分子从政的典范,只因"与敌同眠",声名有污,身后始渐萧条。

以我闻见,唯有前两年袁一丹《民国学术圈的"里子"》一文(《东方早报·上海书评》2015年4月19日),对汤的事迹有专门挖掘，论述亦见深度，有空谷足音之感。在网上另检得王一方的《汤尔和与中国近代医学教育》，亦有可观。

一

全面探讨汤尔和的生平和事业，非我所能为。在此，只想讨论有关其思想的一个细节——他在沦陷时期的两首诗。

这两首诗，我最初是从传记《汤尔和先生》（著者署

《汤尔和先生》书影

名"幼松",民国三十一年自刊本)里看到的。该书第十九
(章)提到,汤在庚辰年(1940)开始吐血、便血,随即往
万寿山养病,每日去昆明湖畔;此时就写到"他有一篇吊
耶律楚材的文章,刻在湖边的耶律楚材墓门内墙壁上",这
里说的"文章",实为七律二首。

按:《汤尔和先生》一书所引录者仅限于诗句,并非全
璧。我偶然在国家图书馆的网页上搜到题名为《耶律楚材
墓诗》之目,即汤诗刻石的拓片,其正式的题目作《吊耶
律楚材墓》,诗前尚有小序,且诗中多有自注,只是网上图
片无法辨认。好在汤氏尚存《汤尔和诗》一册(40年代油
印本),后来我在国家图书馆古籍部(北海分馆)查阅到,
始悉其完整内容,文本如下:

戊寅初夏,养疴瓮山,散策南湖,遂过广宁之墓,入
而瞻礼。乾隆丰碑屹然,在朝阳之中,汪由敦诗为应制而
作,不足以状懿德,识者憾焉。楚材辽东世胄,为元祖所
识拔,顾爱护斯民有如赤子,仁人不杀,功德长存。捃摭
史实,诗以张之,惜未能尽其十一也。中华民国二十七年
五月杭县汤尔和志并书。

一代通才泣鬼神(楚材博极群书,旁通天文地理
律历术数及释老医卜之说),髯人赐号不称名(楚材身
长八尺,美髯宏声,元祖呼为吾图撒合理而不名。吾
图撒合理者,蒙古语长髯人也)。直言深幸遭英主(楚

汤尔和吊耶律楚材诗

材于元祖每极力辨谏，至声色俱厉，帝曰：尔欲搏斗耶？若使楚材遇拒谏之徒，饰非自是，其不遭刑僇也几希矣），苦口真能救众生（或言于元祖，谓汉人无补于国，可悉空其人以为牧地，楚材谏而止。元师攻汴梁，金人久拒元，将进言城下之日宜屠之，楚材驰入奏曰：得地无民，将焉用之。帝乃止，罪完颜氏，余皆勿问）。礼教从来关治乱（楚材所用皆中原名士，会吕振以赃抵罪，帝责楚材曰：卿言孔子之教可行，儒者为好人，何故乃有此辈？对曰：纲常为圣人名教，岂得缘一夫之失，使万世常行之道独废于我朝乎。帝意乃解），恩仇到底总分明。元家陵寝今何在，独向南湖吊晋卿（楚材字晋卿）。

嗜杀君王共事难，录囚决狱总从宽（河南初破，逃者十之七八，有旨居停逃民及资给者灭其家乡，由是逃者多殍死道路。楚材从容进曰：河南既平，民皆

81

陛下赤子，走复何之，奈何连死数千百人乎。帝悟，除其禁。时燕多剧贼，辄曳牛车诣富家取财物，不与则杀之，贼皆留后亲属及势家。楚材治之，狱既具，不株连，仅杀十六人于市，而民安）。长余涕泪无余粟（楚材每谏，言与涕俱，帝曰：尔欲为百姓哭耶？帝崩，皇后用事，或谮楚材在相位日久，天下贡赋半入其家，后乃命近臣覆视，惟琴书而已），多予金钱不予官（楚材得禄，分给亲族，未尝私以官。或问其故，答曰：睦亲之义，但当资以金帛，若使从政而违法，吾不能徇私恩也）。兴利何如先去害（兴一利不如除一弊，楚材语也），引觞莫若且加餐（元帝嗜酒，日与近臣酣饮无度，楚材屡谏不听，乃持酒槽铁口进曰：曲能腐物，铁尚如此，况五藏乎。帝为之感悟）。仁风劲节千年在，留与英雄作镜看。

可知此诗实作于1938年间，去伪"中华民国临时政府"成立未久。

耶律楚材墓在颐和园昆明湖东岸近北。据宋希於查证，汤诗刻石于1951年"据《人民日报》转来读者来信意见"而拆除（《颐和园大事记〔1750-1989〕》〔草稿〕下册，颐和园管理处园史编写组1990年编印），或许天壤间仅存图书馆里的拓片了。

耶律楚材出身契丹贵族，蒙古军攻占金中都时被俘，后为成吉思汗、窝阔台两大汗重用，官至中书令（宰相），系蒙元史乃至中国史上举足轻重的人物。自政治道德的立场，耶律在古属"贰臣"，在今为"投降派"，近乎清初范文程、洪承畴之流；但在具体实践上，他苦心用力于去残止杀，活人无数，在政治、经济、文化诸方面亦创制垂范，将野蛮的"征服王朝"纳入有秩序的帝国行政，故他在历史上得到的更多是褒扬。加之耶律本非汉王朝的臣子，后人对他的道德鞭挞也因此更少一些吧。

耶律是"历史文化名人"，其墓又为京郊名胜，历来凭吊者不少。如明人刘效祖有诗《耶律丞相祠》、王嘉谟有诗《耶律丞相墓》（皆见《人海诗区》卷一"祠墓"），清人查慎行有诗《瓮山麓寻耶律丞相墓》（《敬业堂诗集》卷十七）、毕沅有诗《瓮山谒元耶律丞相墓》（《灵岩山馆诗集》卷六《燕台游草》）。其中毕诗云：

> 草昧文章正则乖，手扶斗柄上云阶。得时道自高松雪，议谥荣还并鲁斋。开国鸿谟关间气，上都名士鲜同侪。我来再拜陈鸡酒，高冢麒麟半土埋。

"松雪"即赵孟頫，宋宗室，书画大家；"鲁斋"即许衡，理学名儒。两人皆为忽必烈礼遇，毕沅以耶律与之相提并论且拔高一等，评价是相当高的。

回过头看汤尔和两律，自是继踵前贤之作；但考虑到

83

汤自身的行事，不难想象，又不仅是继踵而已。其泛泛的怀古之外，还存着一己的心事吧。

汤诗遣辞并不艰深，所及耶律事迹，俱见自注，亦不必一一细究，只要特别关注"苦口真能救众生"一句。这跟诗序称耶律楚材"爱护斯民有如赤子，仁人不杀"的意思当然是一贯的。那么，汤尔和本人的行事呢？汤于1940年底去世后，周作人有联挽之，下联是：

> 此出只为救民苦难，岂意檀度中断，伤心跌打胜微言。（王仲三《周作人诗全编笺注》，学林出版社1995年版，第366页）

近两年后，周作人又说：

> 汤先生一生中治学与为政相半，其参与政事的期间差不多也仍是医师的态度，所谓视民如伤，力图救护……（《汤尔和先生》序）

再联系1938年梁鸿志的诗：

> 只手待援天下溺，吏休宾退一沈吟。（《叔雍自上海来，下榻暑斋，重阳前一日有诗，次和》，《爱居阁诗续》）

还有1942年钱锺书笔下的汪精卫政府说客：

> 具陈薄海苦锋镝，大力者为苍生哀。（《剥啄行》，
> 《槐聚诗存》）

这些沦陷时期的种种说辞，包括对汤尔和的恭维，跟汤诗中颂扬耶律"救众生"的话正相呼应。

　　如此，就完全有理由认为，汤尔和之吊耶律楚材，亦其自吊也。耶律臣事宗国之敌，而救济中原父老；汤与日人合作，而维系沦陷区民生。二者所处的情势、所为的事迹，固有相似的地方。耶律一生的作为，很容易让汤尔和产生共鸣；在耶律身上，汤能找到自己行事的"先例"，使其政治实践得到历史的支撑，也使其内心紧张得到文化的慰解。通过对耶律的纪念，汤将自身与耶律置于相同的历史处境之中，达成了陈寅恪所说的"了解之同情"，达成了伽达默尔所说的"视界融合"；在汤尔和来说，耶律就是他的"古典"，而他自己就是"今典"。他对耶律表同情，也即对自己表同情；他为耶律辩护，也即为自己辩护。据说，汤尔和曾回应骂他是汉奸的人说："是非功罪，在百年之后！"（姜德明《周作人与汤尔和》，《书摊梦寻》，北京燕山出版社1996年版）臆测其心理，或以政治为轻，民生为重，政治很容易时过境迁，而救世之功终不会淹没。如耶律楚材者，历千百年后，谁还会以"汉奸"论之呢？

二

汤尔和的心迹，并不是孤立的。曾活跃于沦陷区文坛的"落水文人"柳雨生，在海外成为学者柳存仁之后，写过一篇论文《元代蒙古人汉化问题及其汉化之程度》，其中论及耶律楚材：

> 是楚材之获任用，为其能聚财充国用。此又有嫌于兴利聚敛，尚非调鼎燮爕阴阳命世之贤之所宜也。然而楚材所以降志辱身，不为桀溺之避世者，则以生丁乱世，目睹人民水深火热之痛苦，欲为稍纾其难，庶免载胥及溺耳。（《和风堂文集》上册，上海古籍出版社1991年版，第591页）

这个材料，是前些年严晓星告知我的。晓星在其2010年的读书笔记里，已拈出此条及相关文本，指柳氏强调耶律楚材们的救济世人、保存文化之功，"颇似有借此为自己在抗战期间的亲日活动洗刷之意"，这是很敏锐的观察。事实上，我们不难看出，柳存仁后来以学术体裁表达的意见，跟当年汤尔和诗中的感喟仍是如出一辙的。

汤尔和、柳存仁固然心意相通相承，但自然也有与之心意悖反者。

台湾王汎森曾提到，1935年时，专长于辽金元史的姚从吾曾写过一篇论文草稿，主题有关蒙古入侵时耶律楚材对汉文化的匡救事业，自感得意，已成文十之八九，但他在给傅斯年的信中却表白：

> ……可是后来想一想，现在那里是表彰耶律楚材的时候，这一类的文章，似乎不应在现代发表！因此决定停止，另想他种题目。（《价值与事实的分离？——民国的新史学及其批评者》，《中国近代思想与学术的系谱》，台湾联经出版事业股份有限公司2003年版。按：此篇未收入《中国近代思想与学术的系谱》大陆版）

检《姚从吾先生全集》"辽金元史论文"部分（台湾正中书局1982年版），又检王德毅编《姚从吾先生著述目录》（《姚从吾》，台湾华欣文化事业中心1979年版；《姚从吾传记资料》，台湾天一出版社1979年版），皆未见此题目的论撰；倒是有《成吉思汗信任邱处机这件事对于保全中原传统文化的贡献》、《元好问癸巳上耶律楚材书的历史意义与书中五十四人行事考》、《金元之际元好问对于保全中原传统文化的贡献》几篇，但都作于赴台后的六七十年代。不知姚从吾收入抽屉里的这篇论文，是否还存于天壤间呢？

还有戏剧性更强的一例。1943年，方豪发起过一个耶律楚材逝世七百年纪念会，在其任教的遵义浙江大学举行；

同时方氏又在重庆《益世报》文史副刊编出两期特辑，在《东方杂志》发表《耶律楚材逝世七百年纪念》一文。此年初，方氏曾以此题分别向陈垣（时在沦陷区）、陈寅恪（时在大后方）征文，结果陈垣寄去《西游记足本》及旧文《耶律楚材之生卒年》抽印本，并附短札云：

> 耶律楚材在金国未为忠臣，不知尊处何以取之也？

这是礼貌而明白地表示责备了。后来方豪在悼念陈垣时回忆此事：

> 自余于三十年秋入浙大，曾与若干同事发起，每年选一历史上可纪念人物，作为研究对象，指导学生寻求资料。三十一年纪念者为徐霞客，三十二年可资纪念者，舍耶律楚材外，实无第二人，而楚材提倡儒学，阻止蒙人屠杀，又精天文历法，行踪远及中亚，亦有其可取处，其他方面，竟致忽略，良深愧怍！道途梗阻，北平、贵州，邮递需数月，先生函到，纪念已过矣！（《对日抗战时期之陈援庵先生》，《陈垣先生近廿年史学论集》附录，香港存萃学社1971年编；参李东华编著《方豪先生年谱》，台湾国史馆2001年版，第50—51页）

陈垣于耶律其人向来关注，撰写过论文《耶律楚材父子信仰之异趣》(1929)、《耶律楚材之生卒年》(1930)，可谓斯学先导，怎么反倒不愿意纪念他呢？我们可以想象，陈氏置身沦陷区，在政治上对耶律楚材的现实意味当更为敏感；而汤尔和作为沦陷区政府要员，招摇地题诗勒石以纪念耶律楚材，同城的陈垣也没什么理由不知道。他对方豪出于纯学术动机的纪念活动深致不满，当由于此。

在耶律楚材问题上，姚从吾的自律、陈垣的责人，以及方豪的追悔，跟汤尔和、柳存仁的认同正成对照。这是历史问题现代化、政治化的生动案例，是"一切历史都是当代史"此语的精彩注脚。我们由此明白可见，在外敌侵逼之际，在领土沦陷之后，耶律楚材作为一个历史符号，变得微妙而敏感，它既是"古典"，又隐含了"今典"，负载了现在时的政治动机——所以，与世浮沉的汤尔和、柳存仁要引为同调，而爱惜羽毛的姚从吾、陈援庵就要避之则吉了。

三

我要讨论的话题，本止于此。但关于汤尔和的零星材料，平日尚随手记下若干线索，考虑到我可能不会再写有关他的文字，兹抄撮于下，以供有志者参考：

汤尔和将所著《猪及其他脊椎动物十二指肠的潘氏细

胞及黄色细胞》赠送钱玄同，并有题诗：

> 前几年你要看我的著作，
>
> 那时候，我只有一种台克司脱卜克，
>
> 算不得著述。
>
> 今天送你一条猪肠，
>
> 带上一个全蝎，
>
> 不晓得你能吃不能吃？
>
> （见《疑古玄同——钱玄同文物图录》，大象出版
> 社2016年版，第153页。此承宋希於告示）

颇可见其风趣。

汪荣宝20年代有诗《汤尔和学博，以考索医术来欧，过伯尔尼见访。与同登古尔敦晚眺》、《丁卯五月余在京师，尔和方罢计相，一日携去年游阳羡诸山与黄任之唱和诗卷见过索题，未有以应。他日过尔和，复出一小词见示，则最近答任之自大连寄诗之作也。慨然成二绝句，因书卷后》，其后又有《江户重逢八千代，席上次韵尔和二首》、《中秋次韵尔和》（皆见《思玄堂诗》，民国刊本）。此可略见两人交往之迹。

赵尊岳有词《鹧鸪天·汤尔和属题六松图卷，时北方兵警正亟》（《珍重阁词集·近知词》下卷）。据说汤氏曾得翁同龢"六松堂"横额，因自号"六松堂"、"六松堂主人"、

"六松老人"，故有此图并索题。

童轩苏回忆民国时北京文化名流时，提到当日有将汤尔和与明末清初来华的西洋传教士汤若望混为一谈，汤乃作打油一首应之：

> 北调南腔一首诗，得来全不费心思。有人若把头衔问，便道明朝老牧师。（《"文化城"学人謦欬笑貌》，《文化城故事》，台湾传记文学出版社1972年版）

罗家伦谈论张作霖时，强调他对日本人既借助其势力，也抵制其渗透，并举了一个例：

> 汤尔和（张作霖时代曾任总长，出关后任张的高等顾问）在民国二十一年初对我说："张作霖退出北京的前夕，日本军部代表逼迫他要签订五条铁路让给日本建筑的条约。张作霖无论如何不肯，躺在鸦片榻上痛骂，日本代表和日本顾问就在隔壁房间，张骂过后又躺下，躺下后又起来，等到半夜，方才答应签字。"但是第二天一大早就叫他的交通总长潘复离开北京，次长亦跟着离开了，仅派一个司长代表部长匆匆地签字，据说张是有意使这个文件显出不曾经过合法手续的形态。据汤尔和说，张作霖的生命要断送在日本人手上的迹象，那天晚上已看得很明白了。所以张作霖

虽然生前被人家骂为横暴的军阀，但是他这一死，却得到了全国人民的原谅。（《早年对张学良的印象》，《罗家伦先生文存补遗》"口述笔记"部分，台湾中研院近代史研究所2009年版）

汤氏告诉罗家伦的，自是可贵的口述史料；而由此，亦不无透露出汤本人对日本侵略的态度。

马叙伦早年与汤尔和有同学之谊，其《石屋续沈·汤尔和晚节不终》云：

> 尔和有治事才，见事敏捷，然不能无蔽。余尝谓尔和一目能察舆薪，一目不见泰山……尔和既历仕途，乐而不倦。又交王克敏，浸丧其操，克敏少习膏粱，服食奢侈，又好聚骨董，尔和染焉，居处甚拓，出以汽车，食具鱼翅，三五日宴客。其所蓄书画，非余与裴子（按：邵裴子）所为鉴定者，率膺鼎也。北平琉璃厂为古玩之薮，铺人所喜而迎之者两总长，即尔和与易寅村培基也……九一八以后，尔和家时有日人影佐、梅津、本庄者流之踪迹，而尔和卒沾伪职以迄于死。

留在大后方的陈克文（原汪精卫系）1938年底有日记：

> 张伯勉（锐）从天津来说，汤尔和之所以做汉奸，

是因为一千二百的顾问薪水，在黄郛做冀察政整会委员长的时候，聘汤为顾问，月送一千二百元。后来宋哲元做委员长，减为三百元，汤不受。后来又加为八百元，但此时冀东伪组织已成立，殷汝耕以一千元聘之，遂从殷汝耕事敌云。（《陈克文日记1937—1952》上册，社会科学文献出版社2014年版，第303页）

此属私下传言，不知是否准确，但亦可见当日私人间对汤氏的印象之一斑。

汤尔和手迹

吴湖帆夫人潘静淑去世，1939年吴以夫人词中"绿遍池塘草"句征题，汤尔和手书七绝二首应之（《绿遍池塘草图咏》，自刊本，第64页）。与之并列的名士甚众，如张元济、冒鹤亭、张尔田、杨云史、叶恭绰、夏承焘、龙榆生，还有汪精卫——不过其时汪尚未"还都"，还不算汤尔和名义上的上司。

此外，汤尔和一生译著甚多，在网上检上海图书馆和国家图书馆的书目，医学著作不论，另有《东北亚洲搜访记》（鸟居龙藏著，商务印书馆1926年版）、《东省刮目论》（藤冈启著，商务印书馆1930年版）、《满铁外交论》（商务印书馆1930年版）、《黑龙江（一名江省民物志)》（中东铁路局商业部编，商务印书馆1931年版）、《到田间去》（南满洲铁道株式会社家事试验场编，商务印书馆1933年版）、《医学与哲学》（永井潜著，商务印书馆1934年版）、《北满概观》（哈尔滨满铁事务所编，商务印书馆1937年版），我手头有《东北亚洲搜访记》、《满铁外交论》、《到田间去》三种。

《到田间去》值得多说几句。此系关于农、畜产及植树的专著，但意外的是，居然有蔡元培、胡适的序，可算隆重其事。检手边的《胡适著译系年目录》（季维龙编）及《胡适之先生年谱长编》、《胡适日记全集》的索引，皆未见此序，似乎还是佚文呢。而汤自己的译序也写得不错，借题颇发挥了胡适"多研究些问题，少谈些主义"的意思，其中还讨论到：

> 有一件干燥无味而实在是很有趣的材料，就是东
> 省乡间文契的程式，各地方所用的字眼和他的文理，
> 种种不同。在研究文学的人，看了一钱不值，但是在
> 民俗学上，我想与各地歌谣，或者许有同等价值。不
> 过向来著书立说的朋友，很少机会把买卖借押等契纸，
> 采作材料。所以这种租约田契的格式，恐怕只有当地
> 教蒙馆的老先生写得出来。我看了这本书上许多式样，
> 如同走进博物馆一般。

可知他由日本人的实地调查影响，很早就已认识到民间契
约文书的学术价值了，这在观念上，是要先于傅衣凌的，
更不必说当代的田涛、王振忠等了。

一勺知味，由《到田间去》的译介，知汤尔和之译书，
是出于一己所重视的问题，往往还是迫切的现实问题。观
此，又可知汤氏作为知识分子的志趣所在。专于纯学问的
人文型知识分子其实多矣哉，而汤尔和志在躬行，是实用
型知识分子，按古典的取径，他从事的是"经济"之学，
即"经世济用"之学。他以专家身份而投身政治，作风积
极有为，实是丁文江一流人物，而跟"闲适"的周作人正
相反——我以为，恐怕这是现代中国知识分子中最稀有的
品种。只是他与周作人之间，在为人上虽大异其趣，在处

世上却殊途同归，世运弄人，又何其吊诡！

但无论其政治功罪为何，我们首先得明了，此人值得重视，值得挖掘；作为一个应世的知识分子，一个从政的知识分子，他是很典型的个案，应成为独立的研究对象，而不是仅作为"反动老作家"的陪衬。

〔附记〕

袁一丹女士读此文后告知：沦陷区所刊《国学丛刊》第五册（1941）"课艺选录"栏目有《耶律楚材论》两篇（作者分别为范宬、林承），皆盛誉耶律其人。如前者谓：

> ……是楚材始终以救民为帜志，化犬羊之俗，而使入冠带之伦，吾民之受其赐者，岂浅鲜哉。

后者谓：

> ……止杀存仁，宽刑去暴。使有元一代能有文物可称，而胜国遗黎不致荡析至尽者，微斯人之力不及此也。

此《国学丛刊》系由国学书院第一院主办，背后有华北政务委员会首脑王揖唐支持，即有沦陷区的官方背景。可以想见，这两篇"课艺"，也即"命题作文"，所以会拈出耶律楚材作题，本身即有其倾向性，暗示了对耶律的特殊认同，而两位作者的立意，或多或少会有迎合出题者的成分。但无论如何，这两篇作文的大旨正与汤尔和、柳存仁相呼应，至少可代表部分沦陷区人士的心理。

另，清人朱埼《新铙歌四十章》有一首《老秘书》，写的是范文程：

> 老秘书，无与匹。独请入关申纪律，大河以南可传檄。一言先救民，天道不嗜杀。赤手挽劫运，元气回萌芽。早暮何咨咨，臣不知有家。咄哉老秘书，尔救时何亟。屡奏减赋宽民力，咄哉秘书无与匹。（《清诗铎》卷十一"武功"）

范文程以汉人而仕清，力主入关争霸，奠定朝廷体制，与耶律楚材颇相类似。此诗极力推扬他的扶危救民之功，跟汤尔和对耶律的礼赞也是异曲同工的。

听唐德刚说张学良口述纠纷始末

郑　重

一

2001年，我们夫妇前往美国纽约探望儿子一家，已经预订了9月14日的机票，途经旧金山再到纽约。9月11日，儿子来电说，纽约出事了，世贸大厦被炸。接着就是美国联合航空公司通知，9月14日的航班取消了，什么时候有航班，再行通知。9月21日，22日……直到9月26日，我们才乘上飞机。

儿子的家在华盛顿的一端新泽西州的一个小镇上，附近有一所教堂，教堂前有两棵大树，大树下烛光闪烁，在悼念死者的亡灵，也有的人在大树上系黄绸，表示对亡者的哀悼。人们还浸沉在哀伤肃穆之中。笔者急于想看世贸大厦被炸的遗址，那地方已被封锁，不让再看，我和老伴就带着孙女到曼哈顿大街看群众游行。街道两侧拥满着游人，穿着各种服装、手擎各种旗帜的队伍从我们面前经过。也有华人队伍，他们打着中华人民共和国的国旗或红旗，我们特别兴奋。华人游行队伍看到我们，也频频招手，或者作胜利的手势向我们致意。左顾右盼，发现在看游行的人群中，只有我们一家三口是中国人，而我们来自中国大陆的特色又非常明显。采访游行的《世界日报》的女记者还过来和我搭讪了几句，问我怕不怕。第二天的《世界日报》上刊登了我们一家三口看游行的照片，还有和记者简短的谈话。

调整时差之后即告诉唐德刚，我在纽约。隔日，他即驾车接我们去了他家。沿着哈德逊河行驶的路上，他给我们讲了他住家周围的故事，特别讲了我们在途中看到的那座大房子，他想让我们去参观，因为时间短促，我们没有去。而他住的房子，我们倒是上上下下地参观了一番。那栋砖木结构小楼为地面两层，地下一层。地下一层似乎是他的贮藏室。沿着露天木楼梯拾阶而上，便是他起居之所在。然后又看了他的那座园子，园子很大，由于没有整理修剪，倒是有些自然原生的味道。待回到二楼坐定之后，我说还要继续未谈完的话题，即张学良口述历史。他说，不忙，听说你写了不少收藏家，先看看我的收藏。这时，我才注意到墙上镜框中有一首胡适手书自作新诗，这是到过他家的人都写过的。另一幅立轴，是徐悲鸿画给他的岳丈吴开先的。

他的藏品有立轴、有册页，也有手卷，有书有画，有的是送给吴开先的，有的是送给德刚、昭文夫妇的。于右任为他们夫妇题写了"双馀斋"，这个斋号很少有人知道。还有于右任、洪兰友、洪陆东、程中行、章士钊、谢稚柳为吴昭文作的书画册。引起我注意的是那卷"岳丈吴公开先八秩双庆献诗祝嘏婿唐德刚拜撰"。此卷由陈定山书写，陈在书写时作了一段引言："德刚兄学贯中西，诗才敏捷又复如此，无怪开先兄对此东床笑口常开也。属为誊录，敢不拜命。西泠逸史陈定山时年八十有三，同客台北。"

唐德刚为吴开先祝寿诗十首，诗中多言吴氏的历史。第一首当然是从祝寿起句，诗云："万户桃符佐寿筵，期颐同祝玉堂仙。江东父老尊元老，北伐当年一少年。"江东少年，追随蒋公北伐征战，不失江东子弟之本色。第二首诗中有句："车满前庭酒满樽，春申江上月黄昏。攀辕貂锦三千士，珠履儿郎岂足论。"写吴氏当年从政上海的辉煌。第三首："未见衣冠沦上国，孰从肝胆识孤贞。应知散帻斜簪客，原是黄花岗上人。"虽是参加黄花岗起义的老战士，仍然"散帻斜簪"，未能进入政治的最高层。第四首："歇浦星沉一岛孤，书生振臂却匈奴。满城宫锦皆狐鼠，嚼舌常山见丈夫。"这首诗讲了吴开先一段忠贞报国而有传奇色彩的历史。

抗日战争期间，汪精卫组织伪南京政府，陈立夫和吴开先商量破敌之策，吴开先自告奋勇，受重庆国民政府委派，携眷潜回上海，从事地下工作，不久为汪伪政府所知，把他抓捕并关进极司菲尔路76号。吴开先以吞金等方式，屡次求死不得。周佛海为自拔之计，于1943年4月将吴开先移往南京，并以日军专机送往广州湾释放，辗转逃往重庆。在珊瑚坝机场，吴开先一走下飞机，文化人士在于右任的带领下前往迎接，遂有《珊瑚坝机场迎候开先感而赋赠》诗，由沈尹默誊录成一卷。题诗的有程中行（沧波）、叶元龙、沈尹默、程潜（颂云）、汪东（旭初）、乔曾劬（大壮）、潘伯鹰、姚琮（味辛）、梁寒操（均默）、龚张斧、曹经沅（缦衡）、周锺岳（惺甫）、钱智修（经宇）、曾克耑（履川）、姚鹓雏、汪辟疆等，大多是监察院的人员。由程中行开题，诸家随之唱和，故于右任在卷子的引首中题道："开先弟归来，沧波赠诗，同人和者数十家，余艰于步韵，乃以意和之。书生难解生民痛，前线重更战士衣。一语慰君还自壮，紫金山上谒陵归。"此卷还附有吴开先名片一张，吴开先手书"昭文爱好文艺，这个手卷由她保存。此致德刚贤婿"，说明此卷为吴昭文、唐德刚夫妇拥有。

赏了这些字画之后，我说："你的岳丈是传奇人物，为什么不给他做一卷口述历史呢？"

唐德刚说："我何尝不想做，但没能做成。"

吴昭文接着说："两人合作得不好，德刚要的，爸爸不说；爸爸说的，德刚又不要。"

此时，唐德刚又把我带到地下室，把他岳丈写的《自述》找了出来，并复印给我，说："你也是作传记的，拿回去看看，上海档案馆能不能找到他的材料。"

我只是唯唯否否地把复印件接了下来。他都做不出，我又怎么能做得出来呢。

二

唐德刚忙前忙后，招待得很热情，就是静不下心来和我谈张学良口述历史的事。他是有什么难处，不愿谈这件事？我也就不再逼他。直到他们夫妇把我们送回那个小镇，在鲤鱼门饭店入座之后，他才说："我在这里请张学良吃过饭。"原来他像说书人，前面都是作了卖关子铺陈，此时才算进入正题。

唐：我还在纽约大学担任历史系主任的时候，祖炳民的太太傅虹霖在历史系读博士学位，博士论文题目是《张学良的政治生涯》。论文写好之后，辽宁大学得到消息，把书稿拿去翻译成中文。中文出版后，虽然发行三十万册，但傅虹霖不满意，认为错误太多。此书在大陆出版所产生的影响，引起台湾书商的注意，要在台湾出版。我用中文给傅虹霖的书写了序。台湾版的书还没有出版，台湾的《中国时报》就抢先把我写的序发表了，用特大字做了标题。《中国时报》在发表这篇序时，编辑把文章斩头去尾，也并没有说明是序。张学良看到了，就打听唐德刚是谁。

郑：你说的序是否就是那篇《论三位一体的张学良》？

唐：是的。前年我去上海时，把这篇文章带给你看过。那篇文章的中心意思就是张学良要不是张作霖的公子，他也发展不起来；但是父亲要是没有这样一个儿子，这个父亲也只能是土军阀。张学良受过现代教育，他的许多朋友又都是留学生，如郭松龄就是留学日本的，是那些留学生帮助张学良，把带有土军阀性质的奉军改造成为现代化的军队。张作霖和张学良父子相得益彰，谁也离不开谁。张学良对我那篇文章特别欣赏，他对人说，别人都以为我是靠父亲起家，不知道父亲还靠我呢。唯有这个唐德刚，说清楚我和父亲的关系，肯定了我为奉军所做的贡献，看到了我的军事才能。张学良一定要和我见面。

郑：张学良是怎样找到你的？你们又是如何见面的？

唐：张学良有位年轻朋友王一方，王一方有位年轻朋友郭冠英。郭冠英也是我的朋友。1989年冬天，星云大师请我去讲演，我到了佛光山，张学良通过郭冠英找到我。再说，王新衡、张群都是我岳丈的朋友，我到台湾，他们也不会不知道。郭冠英告诉我，少帅张学良要请我吃饭。第二天我就从佛光山飞往台北。张学良在来来饭店请我吃饭，除了张学良，还有王一方、郭冠英。席间，张学良称赞我写的《论三位一体的张学良》，说我对他的身世是了解得最深入的，希望我写写他的故事。

郑：你对他的采访花了多少时间？你写李宗仁口述历史，他的夫人为你烧了一百六十顿饭，赵四小姐也亲自下厨为你烧饭吗？

唐：这次只是谈了一些设想，并未动手采访写作。后来，我在纽约大学申请退休，恰在这时我的岳父去世，我就奔丧去了台北。我岳父有一个大房子，有一个烧饭的老妈子，还有汽车、司机，房子暂时没有退掉，我就住在里面，常常到张学良家去。有时在那儿吃饭，我对赵四小姐说，写李宗仁时，他的夫人郭德清为我烧了一百六十顿饭，今后，赵四小姐也要给我烧那样多的饭了。她说，无论唐先生什么时候来，我都烧饭给你吃。

郑：你是边采访，边写作吗？

唐：是的。在工作进行的过程中，我感到哪一段的材料成熟了就先写哪一段，然后再进行总体的调整和拼装，我们搞历史的和搞理论的有所不同。我对张学良的访谈从他的少年时代开始，根据谈的内容，开始写了两章，是第一人称的口述。他看了以后，说不要以第一人称写，要用第三人称，可以引用他的话。他认为这样写可以做得比较客观，还可有作者的评论。

郑：张学良是个聪明人，以第三人称写，他就会主动自由了，作者要承担更多的责任。不过，你从采访到现在，也将近十年了，为什么还未见到出书？是否写得较为艰苦？

唐：不是写作艰苦的问题。我开始采访的时候，张学良还没有自由，台北很少有人知道。后来，台北以为张学良做九十岁大寿名义，恢复他的自由。张学良也准备借九十大寿之机，向世界发表声明：张学良完全自由了。张学良的九十岁大寿，由九十人发起，多数是国民党高级官员，张学良对此情况不甚满意，要我做发起人，参加筹备工作。我对他说，这样做不好吧，我是从海外来的，在台北一直隐姓埋名。张学良说：没有关系，你是我的客人，是我请你参加的。

这样一来，台北就晓得了，说唐德刚跑来台北，又是张学良提名参加他的九十岁大寿的庆祝活动，这就引起了人们的怀疑。社会舆论泛起，说唐德刚为李宗仁写回忆录，这次来台北，是为张学良写回忆录。《中国时报》得了这一消息，写了一篇报道，说张学良耳朵聋了，唐德刚的耳朵也聋了，唐德刚讲安徽话，张学良讲东北话，张学良听不懂唐德刚的话，而且是七十岁的人给九十岁的人写回忆录，两个人肯定做得很辛苦。

郑：这些还都是民间的，显然不是以友好的态度对你，你自己有什么想法？如何面对这样的舆论？

唐：《中国时报》的消息，大陆新华社的大参考、小参考都在显著位置刊登了，引起了台北国民党中央的注意。最初听说是宋楚瑜管这件事，后来宋楚瑜告诉我，不是他，是我的行动引起了国民党中央的注意。他们说，张学良要写回忆录，我们台北有那样多的历史学家不找，而要找美国亲大陆的唐德刚写！他们以此来向张学良施加压力。其实，张学良的胆子是很小的，他一听到国民党中央发言，就紧张起来，对我说，我们写一个联合声明，说我们根本没有谈写回忆录的事，你也没有为我写回忆录。我说，张先生，为了保护你，我还不够资格和你发表联合声明，你是历史上的大人物，我算老几，我唐德刚和你张学良发表联合声明，我不配嘛。

郑：你们没有联合发表声明？

唐：没有。只是说说。我当时对他说，我们可以分开在报上发表声明。我可以声明，因为我岳丈和王新衡是很好的朋友，是王新衡请客，我的岳丈带我去，认识了张学良，说了写回忆录的事，我说你不写太可惜，我们谈了北洋军阀，谈九一八事变，尚未谈西安事变，绝没有谈西安事变。我说你也发个声明，就说我们未谈西安事变。他问，我们俩谈到没有？我说没谈到。其实，对西安事变我们也谈了一些，他谈过就忘了，他说没有和我谈西安事变。我说你现在自由了，为什么怕谈西安事变？他说你看，你看……因为国民党那时还在二十四小时对他监控。我说以后你完全自由了，就到哥伦比亚大学来谈你的经历，那时你就可以畅所欲言了。他说你这倒是个好主意，李宗仁的回忆录就是你在那里为他做的，好主意，好主意。

郑：有了这样一番波折，后来就没有做下去？

唐：张学良获得自由后，《联合报》的王惕吾及中研院的吴大猷，都想给张学良做回忆录。王惕吾看中了我，希望由我来做。王惕吾派刘昌平找我。昌平是安徽舒城人，是我初中的同学，说是由《联合报》出钱给我租一个房子，把张学良请出来做。不知这是否和张学良有关，但后来未做。

郑：到现在，你还没有做出张学良口述历史，是否和这次波折有关，还是另有难处？

唐：回到美国后，我和一批做口述历史的朋友谈了，如黎安友，他们都很有兴趣。1991年，张学良恢复自由，到美国来看望他的儿子，是他和赵四生的儿子张闾琳。赵四没来纽约，住在三藩市。张学良住在贝祖诒太太（蒋士云）家里。在西安事变前，张学良和贝太太就认识，那时她才十六七岁，张学良和少女时的贝太太往来，而且坠入爱河。张学良住在贝太太家，赵四有顾虑，很不高兴，但又不好说。3月30日，有人请张学良吃饭，就约好请他和哥伦比亚大学搞口述历史的人见面。

张学良到了纽约，我打电话给他，说我欠了你们家许多饭，这次要请你们吃饭。我还告诉他，请了哥伦比亚大学的几位教授，都是搞中国历史、中国政治的，你们认识之后，可以直接交涉。由哥伦比亚大学发聘书，聘请张学良为访问学者，专门做口述历史。时间也约定了。

相约的时间到了，我打电话再确定一下，说后天请汉公吃饭。贝太太说你是谁啊。我说，我是唐德刚。贝太太说，唐先生，我告诉你，汉公走了，到弗利尔去玩了。我问，他什么时候回来？贝太太说，他不回来了，直接去台湾了。我想，张学良岂有此理，不是约了嘛。我打电话给黎安友，告诉他张学良走了。

郑：这件事到此就算完了？

唐：过了几个星期，碰到了我的一位学生，他在纽约教堂做事，他告诉我有一位很怪的教徒，每个星期都到教堂去做礼拜，是从台湾来的。我一听就知道此人是张学良，马上打电话给贝太太：你不是说张学良回台湾了吗，他怎么去教堂做礼拜？贝太太说，张学良不轻易见人，因为要见他的人太多了。我说，我是唐德刚，汉公能不见我吗？贝太太不知道唐德刚是何许人也。我说，你把汉公找来，我直接和他谈话。张学良来接电话。我说，汉公，我请你吃饭，贝太太说你走了。张学良说，我没有走啊，你请吃饭，我来。我打电话给黎安友及政治学系主任，这时哥大已放假，其他人都走了。再打电话给袁家骝、吴健雄，他们都来了，就在这家鲤鱼门，请张学良吃了一顿饭。

张学良要走了，纽约的报纸访问他，问他这次来纽约最大的收获是什么。他说，我与哥伦比亚大学建立了联系。这时，黎安友也打电话来问，张学良怎么和哥伦比亚大学建立了联系？我说我不知道啊。

郑：这故事可以写章回小说了。

唐：经了解，张学良把事情搞得阴差阳错。哥伦比亚大学有一对姓张的姐妹，她们和贝太太很熟。她们知道张学良要做口述历史，就带着几位美国学生去贝太太家，代表哥大和张学良谈口述历史的事情。张学良一听很高兴，说，我对这件事有兴趣，早就想请你们做了。黎安友知道这事，就找她们理论：这是我们的工作范围，你们怎么可以做呢？张家两姐妹说，你们可以做，我们也可以做。她们姐妹俩是东北人，讲一口流利的东北话，赵四大为欣赏。她们又会找钱，开始去东北，得到辽宁省的支持，后来找了王允庆，王也给她们经济支持。她们最后说动张学良把资料通过口述历史办公室交给哥大。她们把张学良口述历史做了出来，但据郭冠英说，张学良对她们做的并不满意。口述历史，不能只听传主口述就能成文的，还需掌握大量的政治背景，要做很多补充，张氏姐妹对这些都是不知道的，她们无法胜任这样的事。这件事就这样给耽误了。张学良的政治背景丰富，可以做得比李宗仁的回忆录还要大。

郑：你是口述历史专家，这次是否有些大意失荆州？

唐：是啊，我忽略了贝太太是赵四的情敌。张学良还是老脑筋，像他这样的人有几位女人相伴有什么关系，赵四对他无可奈何。那天请他们来我家，我一手拉着张学良，一手拉着贝太太，从楼梯走到二楼，贝太太对张学良照顾得无微不至，很热情，从头到尾都有录像。这个录像开始拿到大陆去放，有人要讨好赵四，把录像做了拷贝送到台湾，赵四一看张学良和贝太太像夫妻一样，就很生气，大骂：唐德刚真不是东西，我对他这么好，他居然干出这种对不起我的事！赵四的确对我不错，请我吃饭，烧了整碗排翅，说她向来没有请大学教授吃过饭，我是一个破例。我也对赵四讲，汉公活得这样健康长寿，你的牺牲太大了。赵四说，那不是我的功劳，是蒋把他软禁了，否则他吃喝嫖赌，早就死了！

后来，我去台北，还想做这件事，碰到赵四，她就是不理我。别人不知道我们认识，还向她介绍：这是唐德刚教授。她还是不理，转身离去。当时我还不知是什么原因。后来碰到张五，即张学良的五弟。在一起吃饭时，张五说，德刚，你闯了滔天大祸，我哥对你非常好，我嫂嫂对你深恶痛绝。我说，是什么事呢？张五说，你不是把我哥哥和爱丽丝搞在一起吗，我嫂嫂看了后对你深恶痛绝，她说我对那个姓唐的那样好，他怎么拆我的墙角呢！我和张五同年，都是属猴。张作霖的五姨太来了台湾，张五可能就是她生的。张学良口述历史没有做出来，和得罪了赵四也有关。

这顿饭吃的时间很长，但我还是没能吃饱。

2003年2月

110

傅增湘旧藏在日本

苏枕书

一

1928年7月，傅增湘元配凌夫人（名万铖，字序珊，四川宜宾人）去世，自己也病痢三日，困苦不堪。他在给老友张元济的信中叹息道："目前不过悲伤，此后家政无人主持，痛苦之日正长。"不久，傅增湘次子嘉谟又因肺疾辞世。事实上，从前两年开始，他就频遭叔、伯、弟、侄、长女之丧，复遭亡妻亡儿之痛，哀惨已极，同时更遭遇了严重的经济危机。此年9月4日回复张元济信中云：

> 从前家事皆内人主持，侍乃一切不问，第规定每月费若干而已。目下小妾来归已逾十年，寻常日用差可经理，其略重要者非侍躬亲不可。此后绝不能如前时之随意出游毫无挂念矣。至于经济情状，则大非昔

比。各种股票收入锐减，而支出加多，益以家事迭有丧亡，用款更不能预度。先叔先兄两房及川中家族皆须贴补，每年总在三千元以上。以此五年以来积欠至三万余元，每年付息须四千元，长此拖欠，终非了局。

为筹补亏空，他想到卖去京中住宅，但无买主，接下来：

> 于是不得不出于卖书一途，若能售出一小部分，得三万元，则一面收小局面，方有支持之法。第目下安得有嗜书如我辈者而语之乎。若售之外人，则全部同去，未始不可得善价（刻下东方、北海两馆无意购大批古书）。然数十年精力所聚，而举以委之外人，私心固所不欲，清议亦殊可畏也。

可知傅增湘的目标筹款金额在三万元，且理想的方式是一举售出，但东方图书馆、北海图书馆在当时无意购入大批古书。卖给外国人，虽可得善价，但于公于私又多顾虑。而其时日本的书商、学者、图书馆机构正处于购买欲高涨、购买力强盛的时期，傅增湘所畏之"清议"，应指将书售与日方之后可能发生的情形。近代以来，敦煌经卷、皕宋楼藏书等珍籍大量外流，每令知识界痛心，并开始有意识地保存本国图籍，防止被外人觊觎。傅增湘与张元济在书信中就时常共享书讯，譬如傅增湘曾建议张元济收入若干钞本宋元人集，因为"公处不收，则恐归日本矣"。1928年济南事变发生后，两国关系已极敏感。为抗议日本出兵山东，三年前刚成立的北京人文科学研究所总委员会会长柯劭忞辞职，中国方面的委员也集体辞职抗议。而傅增湘时任东方文化事业总委员会图书筹备委员，虽远离政界，但以其社会地位及声望，值此非常时期，自然不可不谨慎行事。因此，他想到的是拜托张元济留意买主，分散出售亦可接受：

> 特敬以告公，祈为留意，如有销售之法，则无论宋元钞校及明刊精本均可割爱。若馆中能为销去一部分（每一批能得一万或八九千方合算），亦可稍解目下之围。大约能觅得三四处受主，则三万之数方可凑齐。若以期之一处一人，恐决难办到也。公能为划策出奇否。

张元济随后覆信云：

> 售书诚不得已之下策，然此时诚不容易。谋诸馆中，亦非其时。孝先之书售与南京大学院，闻尚得价，兄知之否。可否将拟斥去之书先开一目，存于敝处，或有创设图书馆者，当为介绍。

孝先售书事，即1927年邓邦述经蔡元培斡旋，将藏书售与中央研究院史语所之事，据云价值五万金。伦明咏其事曰：
"半生仕宦为书穷，可奈书随债俱空。"

1929年2月16日，张元济致书傅增湘，探讨海源阁藏书
保存一事，希望傅能出资加入。而傅于清明节覆信拒绝云：

> 然精力赀用，实已竭尽无余，此后更当从事省啬，
> 并专心卖书，以弥债窟。但此一年中非得三万元不能
> 济事。故无论宋元抄校精善普通各本，苟能得价，即
> 陆续去之，更无余力收入矣。

言辞间足知此时傅增湘财政危机困厄之剧，而在售书之前，
他也想到援引涵芬楼秘笈之例，影印自藏的珍善本，毕竟
"数十年精力所聚，若一旦散去，亦殊可惜"。同年6月1
日，他在给张元济信中开出欲售书目九种，"乞相机为之，
但非得万元以上之价，侍不愿售也"。他认为，当时有能力
购入大宗善本者，惟潘明训，但对方迁延不肯出价。

二

1929年秋，傅增湘携长子傅忠谟先于上海访张元济、
白坚、罗振常、陈乃乾等人，仍偷闲买书。之后东游访书，
白坚亦同行。据高田时雄考证，20世纪20年代至30年代
之间，白坚经常来日本，主要目的在于倒卖文物，充当捐

客。此番东行也不例外，忙于私事的白坚抛下语言不通的傅氏父子，令傅增湘大为烦闷（高田时雄《李滂与白坚——李盛铎旧藏敦煌写本流入日本之背景》）。幸好之后访恭仁山庄、东福寺，见诸多善本。又游览清水寺、岚山、南禅寺、银阁寺、金戒光明寺、奈良等地，心情渐舒。之后在东京访各公私图书馆，有田中庆太郎、长泽规矩也等友人周到安排、悉心作陪，更是畅快无比。可注意者，是他与田中庆太郎的接触。因为我们很快知道，在接下来的一年，他将欲售之藏书托付给了田中。

傅增湘到东京，是在11月9日，即访旧友田中。同月15日，至静嘉堂观书，检《册府元龟》阙文各卷，"随行者有田中子隆君与长男忠谟，于是三人竭半日之力，合写六千余字，尽补其脱文错简以归。十余年来隔海相望，神游目想，悬此宏愿而不能得者，一旦幸而见偿，东行快心之事，当以此为第一矣"（《静嘉堂文库观书记》）。17日，至逗子，访田中家。19日，与田中同至东洋文库观书。当晚离开东京，往京都，又作数日之游，访书，逛博物馆，游览寺庙，流连书肆，于月底尽兴归国。

田中与傅增湘的交游早始于清末民初，傅增湘的《藏园群书经眼录》（下简称《经眼录》）、田中的《羽陵余蟫》均显示出二人对彼此的藏书状况了如指掌。据说文求堂入口处悬挂的牌匾也由傅氏所书（中山久四郎《赞文求堂》）。此番东行，傅增湘是否与田中谈及售书事？是年12

月19日，傅增湘致张元济信云："侍售书事若何，盼代为留意。明训不肯出价，恐难成也。"可知至少在此年年末，傅增湘依然不曾放弃请张元济留意售书之事。

1930年1月29日，张元济致傅增湘书云：

> 潘明训称《白氏六帖》、《龙龛手鉴》均愿购藏，百衲《通鉴》要看全书，其他各书亦须看书，方能定价。又问宋刊《陆放翁集》有无割爱之意。又乞《双鉴楼善本书目》。此君财力充足，亦甚好书，但不肯出价耳。

2月18日，傅增湘应潘氏之意寄出《双鉴楼善本书目》，请张元济转交，答书云：

> 明训购书恐不出大价，难以言成。百衲《通鉴》印本可证，但其中有明钞二卷耳。《陆放翁集》原值在二千外，因为海内孤本，又有黄跋，看价稍高，若得三千元可以奉让。各书如要看，非有妥便不敢寄。近有人议价一单，尚未成。各书多半在内，稍缓何如。若潘能出四万元之值，则所藏宋本可令其选购，但其中有十数种不售耳。

显然，在傅增湘看来，潘明训并非理想买家，此处议价一单的某人是谁，连张元济都不知道，固为秘事。而以此前屡屡急求张氏寻找买家，到“稍缓何如”，并对潘氏提出较高的价格，其间态度之转变，不难看出他感情上对这位新买家的偏向。

3月1日，张元济覆信云：

> 售书事已函告潘君，趸购四万元可以选择之说亦已告之，斟酌再复。来示属少缓，故未催促。

5月18日，傅增湘书云：

> 前所托各书已有受主。罗子经昨来函为潘公谐价，已略告知，惟《通鉴》尚未去，然此书非得善价不愿舍去。告以万元，恐此公必骇讶而退耳。侍拟再售万余元之书，即可尽清宿负，仍希为留意及之。凡目中元明钞校皆可指索，宋本则有十数种须留以自娱耳。

同月29日又去信云：

> 近略卖书籍，得万余元，悉数还债，只了三分之一耳。

6月3日张元济覆信云：

承示前拟售之书已有受主，不审可得善贾否。斥去者为何书，尚祈见示。潘君处遵即转达，如有回音，当即奉告。

以上数函可知如下几点：刊于1929年的《双鉴楼善本书目》充当了购书指南的功能；在1930年5月中，傅增湘已售出部分藏书，得万余元之价；而潘明训因买书多费踌躇，又请罗振常居中议价，已被傅增湘排除在目标买家之外，以致要故意标高价目，令其自觉退出，并希望张元济继续物色更理想的买主。

双鉴楼部分藏书的受主，正是文求堂主人田中庆太郎。

2009年，桥本秀美在为"傅增湘先生逝世六十周年纪念展"所撰纪事一文中，详考了东京大学东洋文化研究所、京都大学人文科学研究所藏傅增湘旧藏书的情况。通过此文我们知晓，东方文化学院东京研究所（东大东文研前身）在1930年从文求堂购入一批重量级善本，当中可称"顶级善本"者，为宋版《仪礼经传通解》（已由桥本先生整理影印出版，收入"重归文献"系列）、宋版《礼记释文》，此二书登记入库的时间在1930年6月23日。同年10月28日，又登记了文求堂购入的傅氏旧藏宋版《礼书》、明陈凤梧刊《仪礼注疏》。同年5月26日，东方文化学院京都研究所（京大人文研前身）也从文求堂购入傅氏旧藏《三朝北盟会编》、《广东通志》、《广西通志》。而这一批书籍，包括同年东方文化学院东京研究所12月18日由文求堂购入的另外十五部傅氏旧藏在内，均未出现在田中庆太郎编辑的《文求堂书目》中。从张、傅二人通信来看，傅增湘此番交易至迟在四五月间已谈定。而从东西两京东方文化学院的购书记录来看，5月末至6月末，书已归藏两地馆中，效率甚高。期间各方往来的文书虽暂不知所踪，但可以想象交易进行之隐蔽、迅捷。不妨推测，这批图书一开始就被两京东方文化学院看中，通过田中文求堂居中交易。作为东方文化事业总委员会图书筹备委员的傅增湘，与东方文化学院的学者素有交谊，而田中与傅增湘也早相友善，这都是交易顺利进行的保障。

三

上世纪20年代，是中日两国书籍交流史很重要的时期，有几种现象颇值记录。其一，两国公私图书馆都日渐完善，名门旧家散出的珍本善本，很多都收入图书馆，并以影印出版的方式化身千百；其二，1923年关东大地震，日本图书损失惨重，促使日本公私机构、学者、旧书店主更积极地搜书、复制图书，随后也带来了昭和初年日本旧书市场的高潮；其三，1929年，东京、京都成立了东方文化学院研究所，购书方针以一举购入某藏书家旧藏为主。从1928年开始，日方就有意购入叶德辉观古堂、康有为万木草堂藏书，但并未实现。后来又拟收入海源阁藏书，亦未成功。1929年，仓石武四郎、松浦嘉三郎以三万元为东方文化学院京都研究所购入陶湘藏书，凡五百九十一种。同年，东京研究所也以三万四千美元购入了徐则恂的东海藏书楼藏书。

1930年10月，田中庆太郎编印《文求堂善本书目》，列出书目一百二十一种，并三十七种书影，其中不乏傅增湘旧藏。至此，傅增湘售书之事暂告段落。据高田时雄、刘玉才整理的《文求堂书目》可知，现存最早一期在1901年，名《文求堂发兑唐刻书目》，之后每年出版一期或两期，题作《文求堂书目》、《文求堂输入唐本目录》、《文求堂新古唐本书目》、《文求堂唐本目录》等，通常为三十二开。称作"善本书目"者，仅此一期，以铜版纸精印，十六开大册，堪称文求堂书目之最，也是田中庆太郎收书生涯中最光辉得意的一页。除双鉴楼旧藏之外，还有很多名家旧藏，如该目录经部著录的《吕氏家塾读诗记》三十二卷十六册，据顾永新考证，此当为丁氏持静斋藏本，并推测是书归文求堂所得后，又归莫伯骥插架，现为国图藏本。据高桥智云，双鉴楼这批旧藏多未抵达日本，而是存在文求堂设在北京的书店，然而具体地址亦不可考。不过据仁井田陞回忆，1933年之前，为撰写《唐令拾遗》一书，曾向田中借阅双鉴楼旧藏，田中也慷慨地将文求堂图书室开放给他，当中就包括宋本《通典》、宋本《白氏六帖

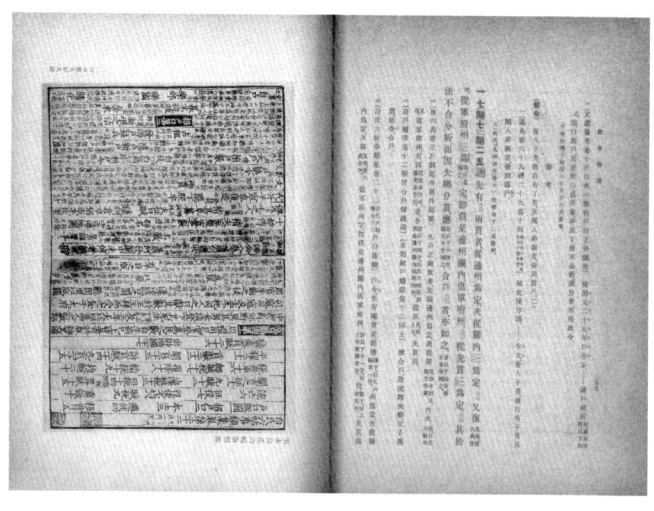

仁井田陞《唐令拾遗》（东方文化学院东京研究所）载傅增湘旧藏宋本《白氏六帖事类集》一叶

事类集》等，《唐令拾遗》还收入了后者的一叶书影（仁井田陞《文求堂和我》）。而仁井田陞当时在东京，这里说的文求堂图书室自然也在东京。这则细节告诉我们，上世纪30年代初期，双鉴楼旧藏中，至少宋本《通典》、宋本《白氏六帖事类集》已经来到日本。

对比《文求堂善本书目》与《双鉴楼善本书目》，并参照《经眼录》，可以确定，前者所列一百二十一种书目，约有二十七种出自傅氏旧藏，多属经史二部，版本信息几乎照录后者。有些沿袭了一些明显错误，譬如《大戴礼记》十三卷，两本都作"明袁褧覆宋刊本、九行十八字、篇中

121

宋讳均缺笔",检图录可知,应为"十行十八字",可知九行乃十行之误,这在《经眼录》中已然更正。有些条目略作补充,如《双鉴楼善本书目》中有《辽史》一百十六卷,曰"元刊本,十行二十二字,黑口,四周双栏"。在《文求堂善本书目》中,添加了"卷百十一至卷百十五共五卷抄补"一句。"《舆地广记》十二卷"一条,《文求堂善本书目》特地指出为"宋代糊粘装"(即蝴蝶装)。也许是傅增湘不欲张扬售书之事的缘故,《文求堂善本书目》解题丝毫未提及其名,不过书影中并未掩饰傅氏的各种藏印。

1930年7月14日,刚刚卖完一批书的傅增湘又以二千一百二十元之价收入徐坊旧藏宋刊元修明印《魏书》,次日致张元济书中云:"第侍方以卖书了债,又忽增此巨款,亦竭蹶也。"张元济覆信云,此书价格虽不贵,但傅增湘刚刚卖书了债,又有此支出,难免竭蹶,因有一策:"现时由商务印书馆付价,异时兄有余赀,可以原价将此书取去。"傅增湘深爱此书,乃以其与已藏《南齐书》同属"眉山七史",又同为礼部官书旧藏,森然双璧,一旦归于架藏,自无出让之理,故而回信谢绝云:

> 魏书价值已付讫,不过在银行多透支二千余元耳。近以售书稍得补益,虽不能扫清宿逋,然统计只欠一万余元,尚可逐渐设法,盛情心领可耳。

又因听罗振常说市上有宋本《陆士龙文集》(现藏国家图书馆),请张元济代为鉴定,并表示"近日若能售去普通之书,亦拟收之",足见其"借债以买书,鬻书以偿债"的状态。

四

再来看《文求堂善本书目》,当中二十七种双鉴楼旧藏,后来去向如何?图书检索系统为我们指明若干线索。如元刊明修本《纂图互注老子道德经》二卷、《纂图互注南华真经》十卷、《冲虚至德真经》八卷,后经实业家户川滨男收藏,今归庆应义塾大学图书馆所有。著名的宋版《通典》、《白氏六帖事类集》、《豫章黄先生文集》三种,由天理大学附属天理图书馆购得,均为重要文化财,可见同馆所刊《善本图录》。说来天理大学与傅增湘缘分甚深,此番经文求堂购入的图书,可检索者还有明刊《辽史》、宋刊《乐书》等。而傅氏1929年访日期间持赠内藤湖南的朱印本《龙川略志》六卷、《龙川别志》四卷,今也藏于天理大学。1938年傅增湘赠送平冈武夫的金刊本《尚书注疏》残卷,亦归天理大学插架。

吉川幸次郎留学北京期间,曾拜访过傅增湘,晚年回忆云:

　　傅先生与天理图书馆颇有缘。因为馆内最顶级的汉籍——宋版《通典》和《白氏六帖事类集》，二者都是傅氏旧藏，经田中庆太郎中介，入藏馆中……1931年春，我留学结束，归国前夕，偷闲与桥川时雄拜访了傅增湘在西城的宅邸。这是我与他第二次见面，第一次是在哪里见、具体情况如何，我已经不记得了。那是与大官僚身份相符的深宅大院，有壮大的紫檀家具，还有成列的书橱。很瘦，长脸，胡须，眼镜，与其说悠扬，更是尖锐。他刚从南方旅游回来，展示了此行新收获：宋版《欧阳文忠公集》。隐约记得和天理大学所藏伊藤仁斋旧藏宋版相似。张元济先生很想影印此书，不过傅先生好像说要等调查一下和其他宋版有什么关系，再作答复。他又打开一个书橱，取出《四部丛刊》中的几册，朱墨灿然，是与新得宋版的校勘内容。只是我已不记得是什么书了，只记得那朱色质量极好。先生问，你回去会做教师吗？我答，不做。其间大概休息了十分钟，前后叨扰了一个多小时。而先生身旁一直侍立的，是他的公子。（吉川幸次郎《旧梦数片——两大藏书家的回忆》，天理大学附属天理图书馆馆刊《ビブリア》第68号）

　　而双鉴楼这批旧藏，除了流向日本，也有一些留在了国内。1933年初，周叔弢也见到了这册《文求堂善本书目》，当中最感兴趣的是北宋本《通典》及绍兴本《东观余论》，最终斥资购回后者，不使其沦于异域。有题跋详述此事云：

> 癸酉正月，获见日本《文求堂书目》，著录宋元明本凡百余种，其中多沅叔旧藏，余尝于双鉴楼中得摩挲者，尤以北宋本《通典》、绍兴本《东观余论》最为罕秘，盖海内孤本也。《通典》索价一万五千元，余力不能赎，乃以日金一千元购此书归国，聊慰我抱残守缺之心。独念今者边氛益亟，日蹙地奚止百里，当国者且漠然视之而无动于中，余乃惜此故纸，不使沦于异域，书生之见亦浅矣，恐人将笑我痴绝而无以自解也。噫！二月十二日弢翁记。

在查考双鉴楼旧藏书目流向时，还发现一个很有意思的现象，即列于《文求堂善本书目》的藏书，并非都流向了市场。二战末期，东京日比谷图书馆为保护图书计，收购大量学者、藏书家的藏书，进行文物转移工作。1945年5月空袭中，日比谷图书馆被焚，馆内藏书也化为灰烬，幸而转移到别处的藏书安然无恙，成为战后东京都立中央图书馆的核心部分。文求堂的部分藏书也在转移对象中，即现在东京都立中央图书馆的"救堂特别收购文库"。当中是否有双鉴楼旧藏？可留意者，是救堂文库目录著录的"《南史》八十卷，元大德刊，明嘉靖十年修，南监"。

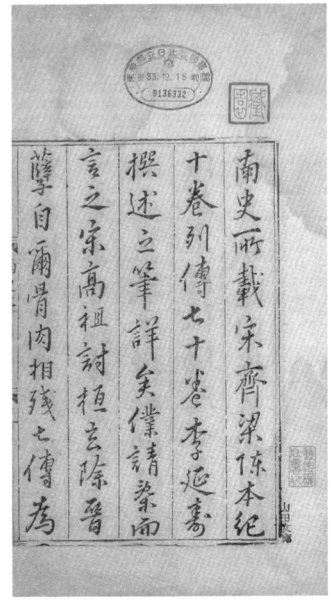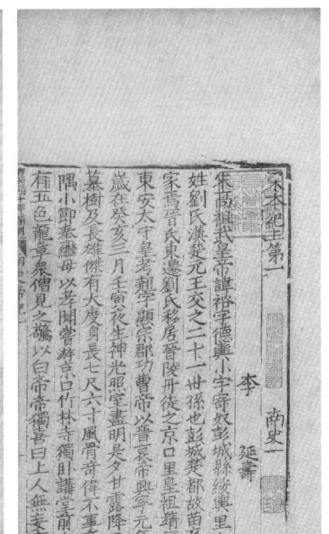

东京都立中央图书馆教堂文库藏明嘉靖十年递修本《南史》书影

　　《经眼录》卷三元大德十年刊"南史八十卷"条："十行二十二字，白口，四周双阑，版心上方间记字数，下记刊工姓名。补板则大黑口，字体潦草。每卷首行小题在上，大题在下。钤有'恩福堂藏书记'一印。（海源阁遗籍，庚午岁收得）"《藏园群书题记》史部一收入此本跋文，"虽有补刊，要是元修元印，固远胜之。全书完整，闻为海源阁所庋，第无印记可证，只存恩福堂藏书记一印"云云。《文求堂善本书目》"南史八十卷"条云："元刊明修本，十行二十二字，有云轮阁、艺风堂藏书印。"此三种是否有关联？今调查救堂文库藏本可知，此本钤有"双鉴楼藏书印"、"藏园"、"傅沅叔藏书记"、"龙龛精舍"、"江安傅沅叔藏善本"等印，及"东京都立日比谷图书馆藏书"、"日比谷图书馆"等图书馆藏印，的确是傅氏旧藏，但显非海源阁或缪荃孙旧藏。此本为明嘉靖十年递修本，十行二十二字，白口，四周双阑，版心上记篇目卷数，下记页数，卷首大德丙午刊书序阙第三叶。尾崎康《正史宋元版之研究》中指出，日本所存元大德十年广德路儒学刊本《南史》，均为嘉靖十年前后修补的南监本，救堂文库旧藏本之外，内阁文库、书陵部、东洋文库、静嘉堂、蓬左文库、杏雨书屋均有收藏。据郭立暄的研究可知，今上海图书馆藏有明洪武间翻刻元大德十年本《南史》一种，为明初补版印本，原为海源阁旧藏，后亦归傅增湘。由此我们可知，傅氏曾经至少藏有三种《南史》。那么，救堂文库本何时来到田中手中，是否在傅增湘1930年售出的这批书当中？暂不可考。但至少可以揭示，傅增湘藏书之丰富，大大超出目录记载的范畴。他与田中的书籍往来，也超出了文求堂书目的记载。

另有可疑惑者，是救堂文库本首页还钤有"山田文库"墨印，函套内记"山田朝一文库"字样，何以目录又将其归于救堂文库？询诸东京都立中央图书馆善本室工作人员，称墨印和函套字样应该有误。这批图书当年躲过战火，从外地搬回东京时，状况极其混乱，钤错印章的现象十分常见。在收购图书时，馆内曾有非常详尽的记录，某书从某处购来，花费几许，但该记录也毁于战火。不过，据馆员代代相传的经验，此书属于文求堂旧藏，应毫无疑问，只是混乱中钤错了文库的图章。这也说明完全信赖图书馆印记，甚或目录，有时难免有风险，一些信息非亲自查验原本而不可得。

而田中的另一部分藏书，直到他1951年去世之后，才以文求堂旧藏的形式，被图书馆收藏。譬如1964年京都大学文学部图书馆买下的"十砚山房旧藏书"，凡一千零六十册，即属此列。当中元刊明修《尔雅注疏》十一卷、宋刊《古史》六十卷，均为双鉴楼旧藏，见诸《文求堂善本书目》及《双鉴楼善本书目》等等。且举宋刊《古史》为例，《经眼录》记云：

> 宋刊本，半叶十一行，每行二十二字，注双行同，白口，左右双阑。版心上记字数，下记刊工姓名，版心题"古史本纪几"，或"世家几"，每卷以数目记数，全书更以千字文一字通记于上方。宋讳避至桓字止，慎字不避。当是绍兴时刊本。间有补版，在明正德以前。首自序，不题名氏，次总目，计本纪七，世家十六，列传三十七。本书小题在上，大题在下。
>
> 收藏钤有"陆沉字冰篁"、"陆僎字树兰"、"吴

中陆敬字俨若号爽泉所藏"、"平原敬印"、"思原斋收藏"、"陆沉之印"、"靖伯氏"等印。（丁巳岁收得）

今此书作乾坤二帙，凡十四册，棉纸镶衬，间有补钞叶。函套签题作"古史宋刊明修本"，乾帙下钤朱文"庆"字印，坤帙下钤朱文"子祥"印。除《经眼录》所列藏印外，还钤有"双鉴楼收藏宋本"、"藏园"、"藏园居士"、"沅叔审定"、"沅叔"、"傅增湘印"、"长春室主"、"莱娱室"、"龙龛精舍"、"双鉴楼主人"、"傅沅叔藏书记"、"沅叔藏宋

十砚山房本《古史》函套，签条似为田中庆太郎题写，钤名章曰"庆"

129

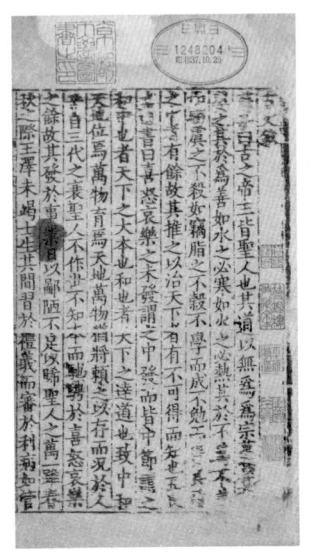

京都大学文学部图书馆十砚山房
本《古史》（傅增湘旧藏）书影

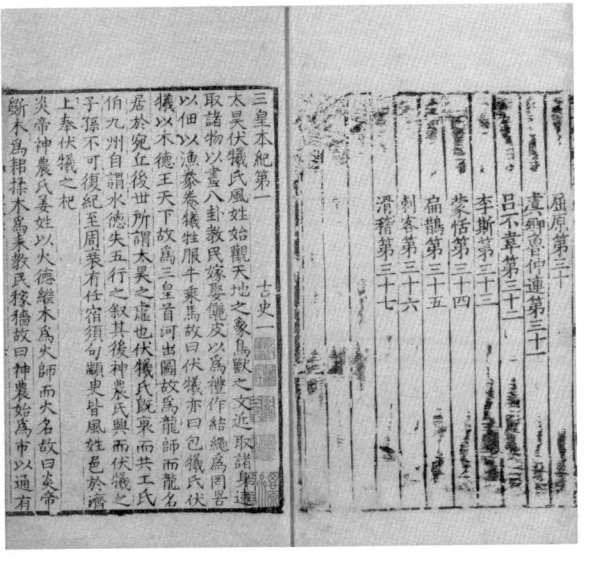

本"、"双鉴楼藏书记"等印，足见其颇受傅增湘重视。

这批藏书，应该是田中最钟爱的部分，有的卷首钤自用名章，曰"子祥"、"庆"；有的函套统一样式，并在函套签条的书名下方钤"子祥"、"庆"印。而这些印鉴暂未见于东京都立中央图书馆的救堂文库藏本，不妨推测，1945年被政府图书馆征购的书籍，尚属于文求堂的"商品"。而田中直到去世，一直留在身边、珍重宝爱的书籍，已属其个人收藏。贩书而藏书，足见田中对书籍爱之深切，非一般旧书店主人可比。

双鉴楼藏书的珍善本今日多藏于各大图书馆，可以通过各种书目、图录寻得踪迹，素来受到人们的关注。此外，应该还有不少未曾发掘的"普通本"，遗漏在检索系统及书目之外，等待我们的查考与邂逅。对书籍流转命运的兴趣，不仅是因为对书籍本身怀有探索的欲望，还出于对书籍所关联的人物、机构、学术风气、历史背景等问题的关心。

〔附记〕

本文征引诸家均省去尊称，在此一并致敬。在本文写作过程中，受到京都大学文学部图书馆馆员、东京都立中央图书馆馆员、东京大学东洋文化研究所图书馆馆员、宇佐美文理、艾俊川、王天然、严晓星诸位老师的热情帮助与耐心指点，于此谨致谢忱。

郭十公子轶事

王培军

一

　　近人《摅怀斋诗话》第四十则云："戊戌被难六君子，最以名闻者厥为谭壮飞（嗣同），生平诗文尤脍炙人口。湖南有郭四者，郭嵩焘之子，以文自矜，目空千古。尝评定前此文章之士，独谭浏阳（嗣同）得六十分，其他如韩（愈）、柳（宗元）、归（有光）、方（苞）诸贤，率在四十分以下也。"（《校辑民权素诗话廿一种》，凤凰出版社2016年版，第39页）

　　郭氏子此举，固是颇为诞妄，但视古大家如蒙童，替他们的文字打分，在古来睥睨一世的狂人里，也算是戛戛有新意。其名为谁？颇值得一说。

二

郭嵩焘原有四子：长子名立篯，次子名幼嶷，三子名立煇，四子名立瑛。立篯（1849-1869）又名刚基，陈氏夫人出，有才学，嵩焘很喜欢这个儿子，但在同治八年（1869）即二十岁时害白喉死了，那时候谭嗣同（1865-1898）才五岁，所以决不能是他。次子幼嶷（1864-1930），是钱氏夫人所生，钱夫人为续配，钱宝琛之女，是同治二年（1863）八月在上海与嵩焘结婚的，但当晚即生了风波（据《郭嵩焘日记》同治二年八月廿一日云"新人貌陋，而一切举动似非纯良"），九月抵广州，钱氏乃要求"大归"（《日记》九月十七日云"钱夫人终日喧哄，并痛詈鄙人，秽恶万状，知其意在回沪，……是日特允其归，诟谇之声稍息"），回至太仓母家，次年在母家生下幼嶷。二十多年后，幼嶷长大，才随母赴湘寻父，那时郭嵩焘已经下世，不果，流落于长沙，被人收为学徒，赖以谋生，后又经营小生意，不但身世极惨，在生前也未得郭家承认（参观《湘阴郭氏家族史全书》第四册，第412-414页）。所以也不能是他。只有立煇（1872-1928）和立瑛（1878-1927），二者必居其一。

据《湘人著述表》（岳麓书社2010年版）第846-861页、《湖南刻书史略》（岳麓书社2013年版）第472-479页，知嵩焘诸子有著述的，厥为立篯、立煇（又名焯莹），次子、四子不与焉：

立篪（刚基）所著书为：《食笋斋遗稿》三卷，《筱筠诗草》一卷，《食笋斋三体书》。

立辉（焯莹）著述甚夥，凡十余种，其目为：《屈赋章句古微》二十六卷、《叙录》一卷，《读骚大例》一卷，《屈赋内传》五卷、《杂篇》三卷，《屈赋外传》二十七卷附《屈赋校勘论》一卷、《屈子纪年》一卷，《玉池老人挽词汇编》三卷，《栖流略》一卷，《栖流略》三卷并《改字记》二卷、《斟》三卷、《杂记》二卷，《鹃啼集》一卷，《节述陈文恭相国训俗遗规序目》一卷，《易俟堂待定稿》一卷，《辨孔小识》一卷，《耘桂先生集》，《耘桂先生尺牍》，《玉池老人事迹》一卷，《校管札记》，《郭焯莹遗著稿》。

又郭群《湘阴郭氏遗著提要》（见《湖南文献汇编》第二辑，《民国丛书》本）云：

《食笋斋遗稿》二卷，郭刚基撰。公为侍郎长子，曾文正女夫，负隽才，而诗嵯峨萧瑟，不类少年。吴南屏（敏树）尝谓古诗人之旨，多发于悲，而惜其年不永。

《易俟堂待定稿》一卷，郭焯莹撰。稿仅序文数篇，系友人取刻者。公古文高洁，与侍讲复丝公（郭立山，嵩焘族子）、检察涵丝公（郭振镛，郭庆藩次子），时有"湘阴三郭"之誉。生平文字不自收拾，散佚极多。

《读骚大例》一卷，郭焯莹撰。公于《楚词》，独具只眼，发凡起例，不剿陈言，不张异说，精奥详赡，启人深省。别有《离骚注解》一书，积稿盈尺，未及刊行，《读骚大例》一书，可以概其余也。

又李肖聃《湘学略》附《湘阴诸郭著述考》评云：

其长子刚基既早卒，焯莹晚出，才敏轶轮，叶郋园至称其学出侍郎（嵩焘）上。吾观焯莹校释《管子》，意所未安，于先说亦不曲从，郋园之称之者，殆指考订章句之细。至侍郎读书观理，洞烛几先，其识超越前人，无与抗手，焯莹虽贤，恐难趾美名父也。

合而观之，焯莹（立煇）的才气过人，又撰著多种，而立瑛略无表现，所以放言无忌的那一位，必为焯莹而非立瑛，是可以断言的。此外，郭嵩焘在去世前，撰有一篇《玉池老人自叙》，而《自叙》的光绪十九年（1893）养知书屋刻本上，有"焯莹、立瑛恭校字"，那时候，立瑛才十五岁，校字云云，是挂名虚应故事的。而时年二十的焯莹作《先大夫自叙后述》云：

先大夫《自叙》一卷，己丑辛卯之际所条其生平志事，捐馆前八十日手自写定者也。自先伯子前卒，焯莹等皆晚出，未能悉知先大夫行事，迩来粗有知识，朝夕侍侧，则见其悲悯之意多而欢娱之日少，盖先大夫抱道自重，人世通显，富贵之境，一无所萌其歆羡，而蕴蓄于一心者，所施设亦未始或极其量，此自题小像所为有"一生怀抱几曾开"之叹也。泣读《自叙》，乃益觉其言之痛焉。……顾念兵兴三十年，豪杰勃兴，先大夫穷不齐齿吴、罗，达不蹑踪曾、胡，忧谗畏讥，退而著书，而殷殷以时局为己忧，轮囷胸中，莫能尽见诸行事，是大可悲也。读遗书及今所《自叙》，知其自伤有尤深矣。若是乌能不冀诸今世操人伦鉴负文名者有以张之耶？倘采择一二事著之篇，揭其苦心，俾后之夷考其人者，不或惑于当时之谣诼，先大夫之所大幸也。不然著其行实，有以补《自叙》之缺略，则尤予小子之所深感焉。壬辰（1892）夏日不肖子焯莹泣识。

从这篇文字看，焯莹的识见，已大是卓荦可观，（焯莹尝自署门联云："辛勤有此屋，卓荦观群书。"）所谓"崭然露头角"，这也就难怪他后来的自负了。

三

那么，《摅怀斋诗话》中的"郭四"，又如何解释呢？笔者认为：所谓"郭四"，必是"郭十"之音讹，因为无论是焯莹还是立瑛，都决不能叫作"郭四"的，而"郭十公子"，则是当时湘人称呼焯莹的（详后引各文）。从实际情况说，焯莹自是行三，立瑛自是行四，但郭家并不知有一幼嶷，向来只知焯莹是仲子（见王先谦《虚受堂文集》卷九《兵部左侍郎郭公墓志铭》及后引李肖聃、杨树达、张舜徽文），立瑛是三子。不仅于此，就算加入幼嶷，焯莹也不能是"郭四"，因为郭家的兄弟，是从大排行数的，这在前人也属常事，看过岑仲勉《唐人行第录》的，自都明白，不须多说。

据《湘阴郭氏家族史全书》第二册第152-153页，知嵩焘弟崑焘和崙焘，共生了八子，按年龄次序为：

> 一、郭立埧，1844年生，崑焘长子（按，此人即撰《庄子集释》的郭庆藩）；二、郭立璋，1849年生，崑焘次子；三、郭立珪，生年失记，崙焘长子；四、郭立球，1854年生，崙焘次子；五、郭立瑶，1854年生，崑焘三子；六、郭立琦，1857年生，崙焘三子；七、郭懋甫，生年失记，崙焘四子；八、郭鹤九，1865年生，崙焘五子。

嵩焘长子立簏，生于1849年，在大排行中，大概居第三或第四；而焯莹（立煇）生于1872年，（《郭嵩焘日记》同治十一年二月二十日："行至花石坳，杨瑞堂赶至，始知凤氏十八日申刻举一子。"三月廿一日："命凤氏所生子名曰立煇，字炎生。"）齿在鹤九之后，而鹤九行九，在《郭嵩焘日记》中被称作"九儿"（《日记》同治十二年九月初十日），又称嵩焘四子憝甫为八儿（《日记》同治十一年三月初五），则焯莹之行第十，不待数而可知。王啸苏《郭焯莹传》（见《湖南文献汇编》第二辑）云："（焯莹）赋性洒落，不事家人生产，始有巨宅及岁租千石，至晚年皆斥卖尽，殁几无以为殓。然其生时不自忧戚，辫发小冠，日游行衢巷中，剧场酒楼，踪迹綦密，市儿常随其后，呼'郭十先生'云。"正可以为证。焯莹既为"郭十公子"，则立瑛只能是"郭十一"，"郭四"之为错记，也便凿然无可疑了。

必须说明，古人以"兄弟为手足"（《三国演义》第十五回刘备语），骨肉情深，所以视兄弟之子，略同己子，如《汉书·疏广传》："（疏）广谓（兄子疏）受曰：'……今仕官至二千石，宦成名立，如此不去，惧有后悔，岂如父子相随出关，归老故乡，以寿命终，不亦善乎？'受叩头曰：'从大人议。'即日父子俱移病。"又《后汉书·蔡邕传》："初，邕与司徒刘郃素不相平，叔父卫尉（蔡）质又与将作大匠阳球有隙。球即中常侍程璜女夫也，璜遂使人飞章言邕、质数以私事请托于郃，……邕上书自陈曰：'……臣季父质，连见拔擢，位在上列。臣被蒙恩渥，数见访逮。言者因此欲陷臣父子，破臣门户。'"均叔侄而称为"父子"。《郭嵩焘日记》之呼侄为儿，亦同此意。

四

焯莹才气过人，又喜大言，又为郭家的"十公子"，其
轶事流传，湖南老辈笔之于书者，遂往往而有。如李肖聃
《书〈玉池学略〉后》云：

> 郭嵩焘……侧室凤氏所生之子焯莹，……以诸生
> 读古书，时有新解，为湖南高等学堂编《国文通谊》，
> 本原流略，条举嬗变。尤精于《太史公书》，叶德辉
> 谓其精湛拟刘突过其父。少时好与长沙诸少年作狭游，
> 妖童曼姬，丝竹杂奏，为《栖流略》一篇，以状其行，
> 自谓为伤失教之民而作。而持论刻厉，自其妇翁李元
> 度、南皮张之洞、湘潭王闿运辈，莫不被其贬议。独
> 心赏浏阳谭嗣同复生，谓其骈俪之文，可与汪中相
> 抗。老为《楚词补注》，手稿皆用《说文》正体，于朱
> 子所为之《集解》，深斥其疏，而亟称林西仲云铭所撰
> 之《楚辞灯》者，为有妙悟，书成，未镌板而身死。死
> 后其门人湘阴任凯南假得手稿，属宁乡余生震华钞写一
> 通，积数巨册。今凯南以忧时发狂，饮鸩自杀，其家举
> 其藏书，赠之岳麓湖南大学，计此写本，亦在其中矣。
> （《李肖聃集》，岳麓书社2008年版，第153页）

又氏著《星庐笔记》述之尤详，可以比勘：

　　咸同中兴，英贤辈奋。湘人尤立功名天下，然而深怀卓识，未有及湘阴郭筠仙侍郎也。……有子三人，……次曰盐生、英生。盐生名焯莹，字子燮，号耘桂。幼而从父受经，务用己意，不守前人成说。为文章出入先秦诸子，奇崛深衍，不可猝加句读。用字习用许书正俗体谬误，朋必为倗，党正作攩，凶、兇必相辨别，束、朿不许蒙混。又多用略语，筠仙官兵部左侍郎，称为先兵左，县学附生为学附，陆军部主事为陆主，兵备道为分巡，……务斥俗崇雅，简而御繁。朋好或纠之，不顾也。与长沙诸少年游，歌童曼姬，昼夜杂进。乃仿刘氏《七略》作《栖流略》一卷，隐括群少姓名，各为题识，以为吾之此篇，乃伤失教之民而作也。湖南高等学堂文科、优级师范学堂既开，请其授文，为述《国文讲义》一卷，明术学之本原，衍文业之条贯。每断一义，立解群纷，学者至今重之。晚有《读骚大例》一卷，已刻。其《楚词补注》若干卷，未刊，稿藏其门人任凯南所。予偕周铁山往候之于养知书屋，……入其室，见故书堆积，积尘未扫，方衣破衣，据案草礼书。言及骚注，以为朱子辑解，语多离经，顾称林云铭西仲所述多得其意。于考订故书，多驳先说。又深诋张文襄《书目答问》及其妇翁李布政元度治学之谬，故其女来归，败我郭家。语多不可悉记。叶郋园常谓郭十学过其父。（岳麓书社

1983年版，第22—23页）

据上所引，可知焯莹的诡特，其大略有五：一、持论刻峭，好贬议前辈，一世通人如张之洞、王闿运皆未幸免，甚至其妇翁李元度，亦在其批评范围之内；二、《书〈玉池学略〉后》言其独推谭嗣同，此尤合于《撼怀斋诗话》；三、为文出入先秦诸子，古奥奇崛，又复喜用古字、简称，在在自拔于流俗，其鄙薄八家之文，是亦不足怪也；四、叶德辉称其学突过其父；五、好作狭邪游，至仿《七略》，为撰《栖流略》一编，题品歌伶女妓。总之，焯莹的行为，迥然有异于人，其为不可一世的狂士，是可以想见的。

又据张舜徽的《爱晚庐随笔》，焯莹不仅讥斥当代大老如广雅、湘绮，是连父亲也批驳的，其为人，张氏认为近于龚自珍子孝拱，那位放诞失检的名父之子。《随笔》云："湘阴郭焯莹，字子燮，号耘桂，郭嵩焘次子也。幼而从父受经，务逞己见，不守前人成说。……其平日说书，必求陵驾其父，最为湘人所鄙。其父有《读管子札记》，往岁任凯南先生尝取以刊入武汉大学《文哲季刊》，而并载焯莹订驳之语。凡其先人所解，无不加以辨正。细绎本书文义，实不逮乃翁所得之多。穿凿附会，务求胜父然后快，其用心实甚悖妄。"（华中师范大学出版社2005年版，第286页）

按，《读管札记》刊于《国立武汉大学文哲季刊》1930年第2—4期及1931年第1、2期，共连载五期，但不知何故，

并未刊完。焯莹并为此写了篇《管子校释叙录》，刊于《学
衡》第49期。张氏所说焯莹的订驳，确为事实，《札记》中
确有许多的"大痴谨按"（计凡一百余条），焯莹晚号大痴，
他对于父书的批驳，都是用"谨按"的，此外也不是每条
皆驳。张氏说"凡其先人所解，无不加以辨正"，则语稍
过；至于是否"不逮乃翁"，笔者于《管子》一书，虽从头
通读过，但并没什么研究，所以不敢妄断了。

五

李渔叔《鱼千里斋随笔》卷下"湘剧杂拾"条记焯莹
好色事，文笔最为生动云：

> 长沙剧场，以湘春园最有名，剧团称湘春班。清
> 光绪中叶，名旦数福姣、凤姣，稍后有彩凤，妆成对
> 镜，宛若丽姝，其画黛含颦，歌喉吐韵，花嫣玉洁，
> 描绘难工。前人有见之者多云："诸伶实皆曼妙，胜于
> 好女，好女不能尽美，惟美男乔妆乃真美耳。"其时长
> 沙王葵园祭酒，湘潭叶焕彬吏部，及湘阴郭十公子焯
> 莹，皆顾曲无虚日，每至，二姣展笑承迎，或彩裳侑
> 酒，葵园耆年老目，从雾里看之，以为至乐。焯莹为
> 筠仙侍郎幼子，才华敏赡。旧日观剧皆有茶座，焯莹
> 作文，必就座构思，低眉伸纸，点翰如飞，初时于台

上诸剧，略不省视，俟所欢者出，乃辍笔仰面观之。余尝见焞莹听歌之作，系取戏单就反面作字，诗既谐美，书亦工致，养知余泽，不愧名孙。（《近代中国史料丛刊续编》，台湾文海出版社1981年版，卷下第56页）

与焞莹有往还的杨树达，在《郭耘桂先生读骚大例跋》中亦记此事："湘阴郭耘桂先生，为玉池老人之仲子。少承家学，博通百氏，于两汉契向、歆父子，于宋契朱晦翁。中年以后，感于时世之变，跅弛不羁，日日出入酒家，与荡子歌伶为偶。一方口肆谈谑，一方手握笔草所著书，尝规模七略，著《栖流略》一书，取长沙歌伶女妓析为九流，与以题品，文字奥博，世以为中垒复作也。……先生既以兵乱尽丧其资业，晚乃寄顿于某歌伶之家，署其门曰'郭耘桂先生寄顿处'，世俗或骇之，先生不顾也。"（《积微居小学金石论丛》，上海古籍出版社2007年版，第375页）杨氏此文，作于1931年，距焞莹之下世，不到三年时间，且又甚推尊焞莹，其语自足征信也。

《史记·魏公子列传》云无忌"再以毁废，乃谢病不朝，与宾客为长夜饮，饮醇酒，多近妇女"。古来的才士英杰，在不得志时，豪气消磨，而耽于"饮醇近妇"，大抵仿此故事；郭十公子的溺于声色，亦应以此解之。这在从前的老辈，原是不以为怪的，而与所谓的"色中饿鬼"，也决不同科而语。

六

焯莹所著的《栖流略》，笔者见过二种，均为徐珂所藏书：一叶刻本，凡四篇，一册封面题云"宣统三年辛亥八月得于长沙，仲可识"；一光绪二十九年（1903）六月耘桂室刻本，包括《栖流略》三篇及《栖流略改字记》二篇、《斠》三篇、《杂记》二篇，上下册，封面题云"宣统三年

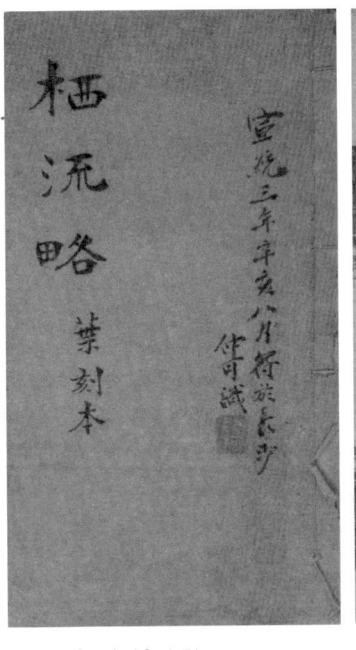

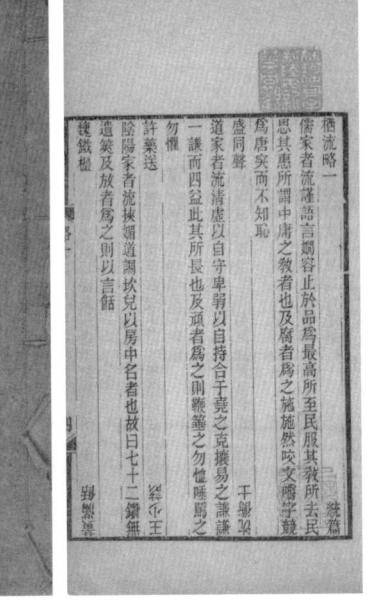

叶刻本《栖流略》书影

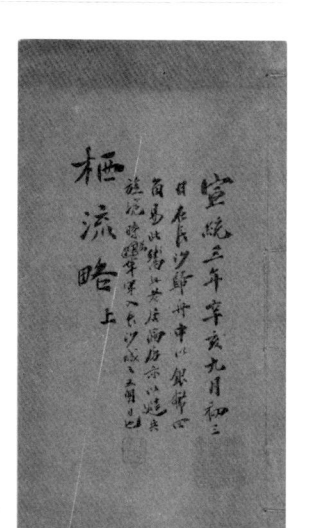

耘桂室刻本《栖流略》
封面徐珂题识

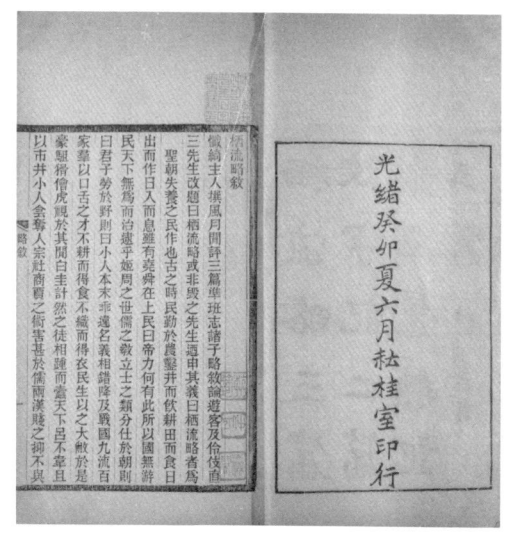

耘桂室刻本《栖
流略》之《栖流
略叙》

辛亥九月初三日，在长沙归舟中以银币四角易此，鬻此者居隔房，亦以避兵旋沪，时为革军入长沙城之又明日也"。此书为焯莹的游戏之作，但是焯莹的博学，"威凤一羽"，亦可以从中见出，其中尤多骂世之语，以其书不经见，不妨摘录数条，以为"奇文共赏"。

其篇首的《栖流略叙》云：

《尔雅》有郭舍人注，或以为即武帝幸倡郭舍人，儒邪倡优邪，夫谁能第其品目，区以别之？董圣卿以色事哀帝，帝欲法尧禅舜以天下与之，使其为游客而儒，则当奉为潘安仁之鼻祖，故不幸显宦于朝则为董，幸而居于下位则为潘，儒也倡也优也，同一流也。此其为《栖流略》中人也。……独怪乎今之乱天下者，儒者其貌，倡优其心，君非唐宋陈隋，其臣之亡国过之，使生数百年已前，吾恐伶人师师之流，且唾弃而不齿于其类，彼将视此编为《千佛名经》，为一字华衮，猥曰非毁也哉。

这实在是借题骂人，字里行间，嬉笑怒骂，亦谐亦庄，兼而有之；而自命正人君子者见了，是必要摇头的。又有一些怪论，引及白话小说，语尤不堪，读之则又不得不承认其持之有故，如《栖流略》一之篇末"论曰"：

言媚道而不知五术，则为焉而不成。何谓五术？曰潘曰驴曰小曰邓曰闲。五术备具，其于天人之略、本末之叙，无遗憾已。得天之数者为潘驴，得人之数者为小闲，邓者天人参焉者也。是故不潘不小，则莫为之阶；不驴不闲，则莫持于后；然而彻终始以行兹四术者，岂不以邓哉？诸子十家，吾见有游于四术之外者矣，未见有不邓而能名家者也。

《栖流略改字记》一又记王闿运、王先谦的争名，则可以令人发噱：

> 往者王湘绮深叹文章之道就衰，近世已尘羹土饭，视之无复知推重者。王葵园曰："先生之文如清华部，虽不得货财，然甚有时名；若某之文，直窟礧子耳，名与利两失之。"湘绮曰："不然。尊文富美，自是清华，鄙文差为近古，则诚所谓窟礧子者也。"二王争主坛坫，其言如此。

按，"清华部"是同光间湘人的戏班名称，此部名虽美，据说戏却最差。窟礧子，见《旧唐书·音乐志》："《窟礧子》，亦云《魁礧子》，作偶人以戏，善歌舞。本丧家乐也，汉末始用之于嘉会。"窟礧，字亦作"傀儡"。《栖流略杂记》二又记商略曲本文字事，亦能裨益文思云：

　　老王、叶大尝观剧葵园，伶人演《抢伞》云："万古千秋雨又来。"叶大曰："'万古千秋'，词意大谬，宜改用'万点千丝'。"老王曰："以文字斟之，疑是'万苦千愁'。"人为之击节叹服。后检视古曲本，果如王言。余谓古本自佳，今本讹文亦妙语，正可不求甚解，先儒所谓读误书亦一适意事也。如叶改本，便死于言下。

　　就中阅之最所心喜的，还是《栖流略杂记》所录集句联，多而且佳，聊摘数联于此，以见当日的"名士风流"：

　　集萨都剌、李颀句赠甘翠云曰："翠袖莫从花下展，云山况是客中过。"集宋词赠熊宝翠曰："七宝补明月，双翠合眉峰。"集陆放翁、杨诚斋句赠白玉霜曰："山黛有情敛碧玉，云阴无力护清霜。"又集句曰："蓝田旧种无瑕璧，青女新成耐冷交。"集王衍梅、边浴礼句赠吴山曰："吴娘莫雨新翻曲，小妹青溪本弟三。"集陆游、李白句赠甘翠琴曰："翠影满帘风乍定，琴心三叠道初成。"集欧阳炯词、柳宗元诗赠宝翠曰："宝瑟一弹回夜月，翠帷双卷出倾城。"集温庭筠、罗隐句赠官翠玉曰："翠凤宝钗垂箓簌，玉钩银烛共荧煌。"集陈旅、杜甫赠翠楼曰："罗浮翠羽无人识，西蜀樱桃也自红。"集唐诗赠唐小四曰："小年尝读桃源记，四海争传古镜歌。"

七

焯莹之于谭嗣同，另眼相看，固然也可能是独见，但与谭氏美评其父，必亦不无关系。谭的三万言长书《报贝元徵》中云："历观近代名公，其初皆未必了。更事既多，识力乃卓。……郭筠仙侍郎归自泰西，拟西国于唐虞三代之盛，几为士论所不容。薛叔耘副都初亦疑其扬之太过，后身使四国，始叹斯言不诬。"又《浏阳兴算记》云："中国沿元明之制，号十八行省，而湖南独以疾恶洋务名于地球。……然闻世之称精解洋务，又必曰湘阴郭筠仙侍郎、湘乡曾劼刚侍郎，虽西国亦云然。两侍郎可为湖南光矣，湖南人又丑诋焉，若是乎名实之不相契也。"（《谭嗣同全集》〔增订本〕上册，中华书局1981年版，第228页、173–174页）谭嗣同之所言，自具卓识，而焯莹打的那个分数，却不能认真看，说起来谭的文字，无论如何并没有那么好。

有一次，有人把章太炎与谭嗣同、黄遵宪三人并论，太炎大大不满，"齐名心勿喜"（钱锺书诗），而特作一书以力辩之云：

　　　仆之文辞为雅俗所知者，盖论事数首而已，斯皆浅陋，其辞取足便俗，无当于文苑。向作《訄书》，文实闳雅，箧中所藏，视此者亦数十首。盖博而有约，文不奄质，以是为文章职墨，流俗或未之好也。定文

者以仆与谭复生、黄公度耦，二子志行顾亦有可观，
然学术既疏，其文辞又少检格。复生气体骏利，以少
习俪语，不能远师晋宋，憙用雕琢，惊而失粹，轻侠
之病，往往相属。公度憙言经世，其体则同甫、贵与
之侪，上距敬舆，下推水心，犹不相逮。仆虽朴陋，
未敢与二子比肩也。（见《与邓实书》，《太炎文录初编》
卷二）

从这就可见，谭氏在那时的声价了。一般说来批评不
难为，批评而又确具真赏，就不那么易易了；俯视一世之
人，也概莫外之。宋人的《扪虱新话》斥司马迁不学，杨
大年诋杜甫为"村夫子"，方子通贬苏轼诗，云是"淫言亵
语，使驴儿马子决骤"，古之狂者，如此者多。近人若王闿
运之批王夫之，说"竖儒浅陋可悯"，"看船山《讲义》，村
塾师可怜，吾知免矣"；陈衍之斥章学诚，至云"史学如章
实斋，当寸磔于市"；马一浮则又大言"《皇清经解》可烧，
纪昀不学"，诸如此类，皆足闻之舌抍。

钱锺书年轻时有篇书评，说批评家："议论愈荒谬，愈
引起我们的好奇心，触动我们的幽默感，因此它也可以流
传久远。……像雷麦（Rymer）批评莎士比亚的《奥赛罗》
(Othello)说是'马鸣犬吠'，杰勿雷（Jeffrey）批评华兹华
斯的'漫游'诗说'这不行'，到现在还被人传为话柄。"（《钱
锺书散文》，第168页）郭十公子的打分，并当作如是观。

陈定山的京华遗事

申 闻

　　数年前笔者曾作《别一陈定山》一文，记陈小蝶之外南京江浦的另一位陈定山——陈浏（1864-1929），字亮伯，号寂园叟（一作寂叟、寂者）、垂叟，晚署定山、六江六山老人。生平详见《浦雅》书前所刊钟广生《清资政大夫福建盐法道陈公行状》，陈氏自撰《定山老人六十六岁自序》墨迹一轴，叙事至去世前一年，今藏北京大学图书馆。

　　陈氏迁江浦的始祖铁园公居孝义乡，后代世为江浦人。其父陈宝善字楚贤，以经商致富，与吴长庆交好。同治二年（1863）癸亥十一月，陈浏出生于仪征泗源沟。谢巍《中国历代人物年谱考录》据西历推算，正好是1864年1月1日。他幼年就有"奇童"之目，扬州盐商侯扬闻其名，以女妻之，即原配侯夫人。光绪三年（1877），补县学生；六年（1880），为黄体芳所拔识，补廪生。次年，与侯夫人完婚后，又肄业南菁书院。光绪十一年（1885），登拔萃科，朝考第一，用七品小京官，签分刑部；十五年（1889），应顺天乡试，中副榜。以黄体芳力荐，为译署记名章京，兼刑部浙江司主稿。陈氏晚年得黄体芳父子手迹，曾向友人征题，并记往事，装成大卷。光绪二十六年（1900）后，改外务部郎中，掌榷算司印；三十四年（1908）四月，以京察一等，外简福建盐法道，在任三年，清廉自律，因忤载泽，投劾而去。罢官八个月之后，辛亥革命爆发，次年宣统退位，清朝灭亡。民国三年（1914），与陈庆龢同任交通总长梁敦彦（1857–1924）秘书，后兼电政司长。次年12月，袁世凯称帝，陈浏与梁氏一同离职。民国六年（1917），以广东省长朱庆澜（1874–1941）之招，南下广州，担任幕僚。停留一年余，十分喜爱荔枝湾风物佳丽，时常载舸清游，友人为作《荔枝湾荡桨图》、《牁江载酒图》、《粤粲楼问字图》。朱氏被段祺瑞所驱，陈浏移居上海，有《江楼索句图》。又到北京，应国史馆纂修之聘，居故都数年，曾作《庚申秋词》长诗，友人为绘《庚申秋词图》。民国十一年（1922）冬，应张作霖之邀出任东北特区行政长官的朱庆澜再次礼聘他，适其弟陈瀚、陈浦均任职中东铁路，于是陈浏携眷毅然出关，定居哈尔滨。朱氏离职后，继任者张焕相对他礼遇有加。民国十七年（1928），黑龙江保安副司令万福麟（1880–1951）又延之为座上宾，但次年春陈浏即患病，秋天侯夫人去世，他也于1929年11月12日去世。生子五人、女七人。陈氏著述宏富，最著名的要属《匋雅》，至今仍不断被翻印。另有《匋春秋》、《匋庵忆语》、《海王邨游记》、《骨董经》、《定山印史》、《寂园说印》、《斗杯堂诗集》及《续集》等，汇为《浦雅丛书》，大多没有刊行。早年他与姜筠（宜轩）、吴葆初（彦复，吴长庆子）、蔡元培、唐绍仪、钱恂、王彦威等交好，晚年与张朝墉、成多禄、马忠骏（遁园）等往来颇密，先后参加漫社、遁园等雅集。民国间，陈浏在京华的遗事，尤其是他与侯夫人六十双寿，京中友人为之设宴祝寿，盛传一时。至今将近百年，竟已无知其事者，故为拈出，以资谈助。

一、《庚申秋词》与伦贝子府寿宴

钟广生所作《行状》对于陈浏生平经历记述其为详审，只有涉及他在北平的那段往事，似不无偏差。钟氏原文云：

> 旋应国史纂修之聘，居京师五年。庚申之岁，公与侯夫人年五十八，彝堪贝子（溥伦）暨其弟厚斋将军（溥侗），为张筵置乐，敷红氍毹，将军起舞为寿，极金樽檀槽之盛。《庚申秋词图》者，即成于此时。其年冬，山阴朱公为东省特别区长官，再招之东游。

《庚申秋词》自然作于庚申年，即民国九年（1920）。

荔枝湾荡桨图（苏州博物馆藏）

佗江载酒图（苏州博物馆藏）

154

据上文所述，陈洳离开广东在民国七八年间，钟氏说庚申冬朱庆澜招他东游，显然与"居京师五年"一说有很大出入。陈洳可能是庚申年之前的民国八年（1919）到京师任职，至十二年（1923）离京，这样才符合钟广生所说的"居京师五年"。

从民国十三年（1924）元宵节张朝墉跋《暮雨山房图》可知，溥伦、溥侗兄弟大宴宾客，为陈洳、侯夫人祝寿在民国十一年（1922）旧历十一月，是陈氏夫妇六十寿辰，而非五十八，也与上面的推论相符：

> 江浦陈垂叟都运（洳），曾赋有《庚申秋词》，为彝堪贝子溥伦作。俯仰兴亡，慨当以慷。贝子有感于中，匪伊朝夕。壬戌十一月十有五日，叟六十初度，张乐于官苑西之圆寿山房，京兆秋郎韩暮雨与焉。越日，贝子更为叟夫妇大张乐于东华门外邸第，召秋郎使歌舞，叟乃为赋《暮雨词》，亦一秋词也。自是，都下名流排日作谯，金尊檀板，酒绿灯红，郎固无一日不为叟把盏。如是者八十有三日，而叟东出榆关。袁中舟侍讲手写两秋词，以壮其行。

次年（1923）春，陈氏举家远赴松花江畔的哈尔滨，具体时间依照为陈洳抄录《庚申秋词》的袁励準记录，应是旧历二月上旬。

张朝墉《暮雨山房图》跋

说到《庚申秋词》，不免让人想起和它仅仅一字之差却声名远播的《庚子秋词》。众所周知，光绪二十六年（1900）庚子秋，未随驾西狩的王鹏运、朱祖谋、刘伯崇等人，在京师王氏四印斋所作《庚子秋词》，纪事伤怀，刻印成书，一如清初吴梅村的《圆圆曲》，风行一时。当时在西行的队伍中，与光绪帝同乘一轿的贝子溥伦，怎么也不会想到，二十年后，有人会以他为主人公作长歌《庚申秋词》，这个人就是陈浏。

1920年的时势，与二十年前相比，早已发生了翻天覆地的变化。溥伦作为逊清贵族，早已被历史的洪流所淹没，为何不赞成袁世凯称帝的陈浏，在清王朝灭亡九年后，会为亲袁的伦贝子写六十韵、近千字的长歌和千余字的长序呢？首先要从溥伦其人说起。

溥伦（1874.11.10-1927.1.21），字彝庵，一作彝堪，

157

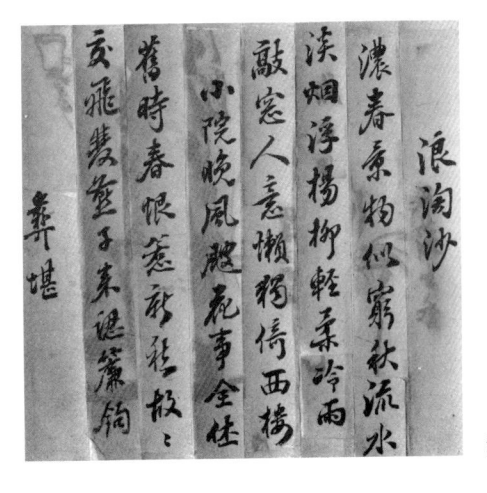

溥伦《浪淘沙》手迹

是道光帝长子奕纬的嗣孙。关于他的家世，崇彝《道咸以
来朝野杂记》说得很明白，"宣宗皇帝九子，长子奕纬，早
逝。嗣子载治，封贝勒，加郡王衔，盖以长房故加优沃。
子溥伦、溥侗。伦袭贝子，侗为辅国将军"。载治的生父奕
纪，是成亲王永瑆之孙，继承了诒晋斋的部分收藏。溥伦
系载治第四子，故人称伦四爷。朱家溍先生在《记溥西园
先生》一文中也提到：

> 溥侗，字厚斋，号西园，别号红豆馆主。清光
> 绪七年封镇国将军，光绪三十三年加辅国公衔。贝勒
> 载治之第五子，人称侗五爷。兄贝子溥伦，人称伦四
> 爷。载治之本生父为奕纪，系成哲亲王之孙。因宣宗

长子奕纬无子，过继载治为嗣子。

溥伦、溥侗的住宅在大甜水井胡同路北，人称"伦贝子府"。后来，他们弟兄分家，前后各得一半，溥伦在分界处砌了一堵墙。"没过两年，溥伦因债务无力偿还，宣告破产，由法院查封财产拍卖，处理债务"，朱先生并未指明哪一年，但从溥伦、溥侗一起在府邸为陈浏庆祝六十大寿来看，1923年两兄弟似乎尚未分家，即便分家，溥伦的宅子也还没被查封拍卖，那么溥侗分到的宅子售去更在其后。

光绪七年（1881），溥伦袭贝子，二十年（1894）加贝勒衔。庚子（1900）之变时，溥伦扈跸西行，与光绪两人同坐两头骡子驮的轿子，一路颠簸到西安。值得一提的是，清廷朝贵随帝后西狩，一路上仍不忘寻访金石拓本。叶昌炽《语石》卷十就记载，溥伦与端方两人尤其热衷于此，清末陕西以藏石著名的赵乾生不胜其扰，将毕生所藏悉数出售，最终"半归伦贝子，半归端午桥制府"，端方用牛车将巨碑从西北运进京城，曾经轰动一时。

光绪三十三年（1907）旧历八月，清廷拟设资政院，溥伦与孙家鼐一同被任命为总裁，溥侗则进封镇国将军。次年，慈禧、光绪先后去世，日本天皇派伏见亲王来参加葬礼。随后清廷派溥伦率团赴日答礼，《曹汝霖一生之回忆》中有一节即详记此行之事。时在日本的汪东撰《纪清贝勒溥伦来东后事》一文，叙述与曹汝霖之官方立场迥异。而在溥伦任资政院总裁事，在京任职的汪荣宝（汪东兄长）《日记》记述颇多。

宣统三年（1911）旧历三月，溥伦任农工商部尚书，五月改农工商大臣。辛亥革命后，与奕劻主张共和。由于他亲袁世凯，于1915年出任参政院院长。同年12月，袁世凯称帝，溥伦又以满族总代表名义上劝进表，为世人所不齿。据云光绪死后，袁世凯曾有意推举溥伦继位，可惜未获成功。袁世凯死后，溥伦失势，退居家中。

陈浏究竟何故要为这样一位人物创作长歌呢？从《庚申秋词》序中大约推测，陈浏很可能是借他人的酒杯，浇自己的块垒：

> 越二十年，太岁在上章涒滩九月二十有六日，贝子于东华门外邸第高张夜宴，簪裾鳞集，酒酣乐作，与其弟后斋将军（溥侗）奏龟年弹词一阕，声情慨慷，闻者胥为之於邑。时国变已九载矣。

由此可知，1920年旧历九月二十六日，溥伦、溥侗兄弟在大甜水井胡同府邸大摆筵席，亲自登台，旧日王孙不免将家国身世付诸歌咏，让在场的一班遗老遗少感同身受，正是"空庭斜月，惟听严飚萧瑟之声；衰鬓繁星，不胜身世苍茫之感"。陈序说得很明白，彼时是"京兆袁珏生侍讲（励準）即席属作长歌纪之"，他"归途经团城、北海子，凡得长句六十韵"，当时参加伦贝子府聚会的人，陈浏也在序文最后逐一加以列举：

> 草稿既竟，笔不加点，爰遣急足，走视侍讲，并呈贝子、将军、宗室沈盦官保（宝熙）、张君立（权）、吴鞠农（敬修）两京卿、朱艾卿少保（益藩）、李柳溪侍郎（家驹）、沈子封提学（曾桐）、莘吾都转（尹良）四同年。阅人成世，浮生几何，回首前尘，恍如昨梦。嗟乎唱筹量沙之猛士，胡乃自坏长城；酾酒临江之英雄，唯以长歌当哭，辄题之曰《庚申秋词》云尔。

在如此场景之中，陈浏与溥伦、溥侗、宝熙等的心情，无疑是一致的。他不赞成袁世凯称帝，想必也有对清廷的眷念之情在其中。照此看来，《庚申秋词》的主题是对逊清故国的追念，主人公是当日宴会的东道溥伦、溥侗兄弟，自然牵涉了参加聚会的各位遗老：

> 贝子小宗嗣大宗（成哲亲王为贝子本生高祖），两回当璧想从容。谁知破碎金瓯日，不在名贤掌握中。镇国将军神仙侣，西山海淀有别墅。工书远可绍钟王，善画近能摹董巨。贤兄书法致多姿，考古兼能识罍彝。金钱十万征吴鼎，珠履三千捧汉卮。延鸿阁（贝子阁名）上图书满，藏弃更夸红豆馆（将军馆名）。朗

吟（贝子藏有宪庙朗吟阁二瓶及哲王帖墨迹）惟恨青天低，烂醉苦嫌白日短。宗人甲第近皇居（沈盦亦居近东华门），词客翩跹下直庐（艾卿时在毓庆宫授读，珏生直南书斋十七年矣）。每为看花能贳酒，偶因问字辄停车。梁园客至酒初熟，贝子张筵敞华屋。忆昨招邀到野人，坐对银灯赏残菊。灯花如电照瑶台，菊花狼藉锦灰堆。大藩妃子睪黄幄，贵主天家进玉杯（是日，荣寿长公主、喀喇沁王妃皆在座）。先皇御宇承恩眷，弟兄朝罢开家宴。当时并辔出宫门，此日逢场听鼓板。笙歌杂遝暮连朝，歌声婉转上烟霄。香车宝马三分月，翠羽明珰七叶貂。垂老弟兄具健在，一曲琵琶朝市改。……君家兄弟世无比，亦儒亦侠称两美。将军长剑若流星（将军善舞剑），贝子宝刀能绕指（刀为康熙六年荷兰国所供，屈信如志，见《池北偶谈》。贝子所藏为八柄之一）。令祖堂堂论晋斋，风流文采未沉埋。蚤将笔法传家学，终遣哀歌怆老怀。

溥伦斋号延鸿阁，故《汪荣宝日记》中也称他“延鸿贝子”。同时还提到序文中没有出现的贵妇人，周劭《北京温莎宫里的格格们》一文中“紫禁城温莎宫里最可怜的女子”荣寿公主，还有性格与她截然相反的喀喇沁王妃。

陈浏一时寄托故国之思的《庚申秋词》，对伦四爷、侗五爷而言，无疑是精神上莫大的慰藉。于是，就有了两年之后，继漫社同仁为陈浏夫妇祝寿雅集作诗，陈氏家人在圆寿山房为父母做寿两天后，溥伦、溥侗兄弟在自己府中大张乐舞，邀请两年前宴会的座上之宾，共祝陈浏夫妇六十大寿。溥伦去世之后，1928年春，陈浏将当年的请柬、信封等装成袖珍手卷，虽经剪裱，仍可见其旧式如下：

东观音寺东口外路西　陈大人

月之廿七日（星期六）下午五时，洁樽候教。嫂夫人统敬。

绍　曾

沈瑞麟

李家驹　谨订

袁励贤

溥　伦

大甜水井胡同

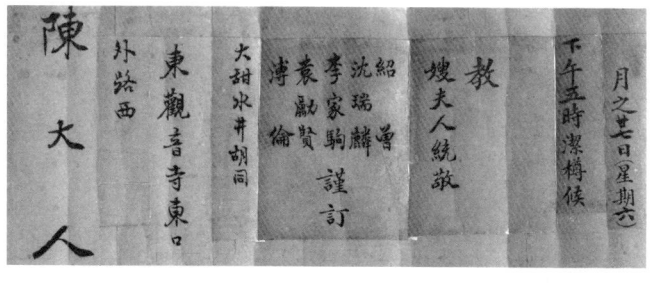

溥伦手书请柬

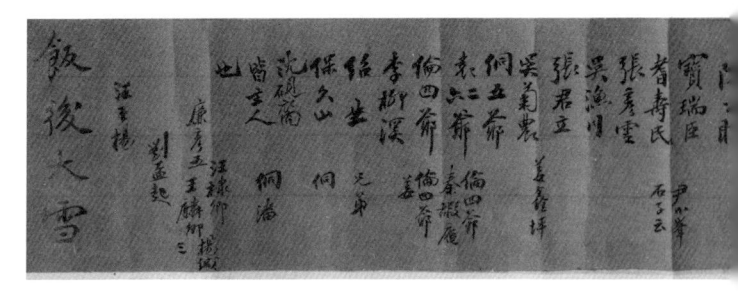

陈浏六十寿辰戏单

陈浏自然也保留了当日伦贝子府堂会的戏单,溥伦手写,同样被剪裱在手卷内,原题"陈亮伯都转六十寿戏",十四折戏目如下:

> 百寿图、打龙袍、探窑、乌龙院、落马湖、法门寺、连环套、连升三级、弹词、琴挑、拾柴泼粥、思凡、教歌、进宫

在戏单最后,还附记"饭后大雪"的情况。从陈浏如此慎重地保存与溥伦及那场寿宴有关的片纸只字来看,他对于这段往事,一直念念不忘。

二、韩暮雨与漫社唱和

1923年1月中旬,大甜水井胡同伦贝子府上的寿宴,

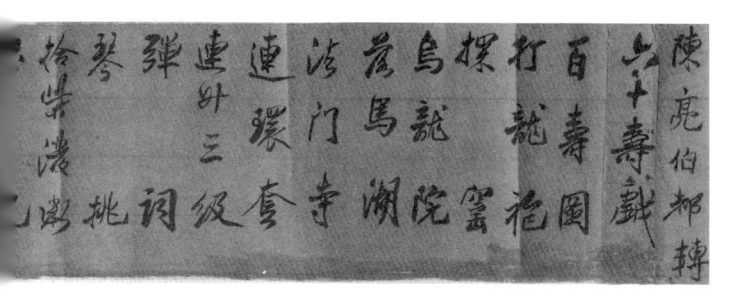

只是为期八十三天诗酒流连的一个盛大开场。在接下来的两个多月里，围绕陈浏、溥伦等人的聚会，让参与其中的遗老们终生难忘。

在溥伦兄弟的堂会前夕，陈浏开始注意到《暮雨山房图》的主角——天桥吉祥园的男伶韩暮雨。在近代北京的戏剧表演名家中，他如同伦贝子府的那场盛宴一样，被人所遗忘。唯有与《庚申秋词》一起由袁励準所抄录的陈浏《暮雨词并序》还记得他。在袁励準的附记中说道：

> 此吾老友江浦陈定山赠韩秋郎诗也。韩郎多才艺，不苟言笑。定山赏识于风尘之表，时贤或异之。实则郎之色、技亦自有可称者在也。同时有徐仲达者，矫健捷迅，又颇为定山所重，且引以比秋郎焉。

韩暮雨名秋，人称秋郎，小字海棠花，又名秋花冬

贺良朴《暮雨山庄图》扇面

郎。京师三里河人，为京兆名伶。所演《红梅阁》、《送金郎》、《蝴蝶杯》中《藏舟》等，哀婉独绝。《梅降雪》、《七星庙》、《池水驿》诸剧，更是出神入化，匪夷所思。陈洌与之相遇时，年已六十。韩暮雨年方弱冠，新婚伊尔，陈氏曾特意步清初陈维崧赠冒辟疆家童伶徐紫云之《徐郎曲》韵，作《贺新郎》词贺其新婚之喜。陈氏《暮雨词序》中说他"珠喉哀婉，则贾璧云也；韩睇宜笑，则毛韵珂也"。陈洌出关之前，又作《秋海棠花词》组诗，依次自作笺注，记述与韩暮雨在京盘桓期间事。从中可知，陈洌与韩暮雨初识，由袁励準居中介绍，能于群伶中独赏其妙，立购韩郎喜爱的青花白地瓷赠之。

旧历壬戌"十一月十五日，所谓月当头令节者也"，"是日为新历一月一日"，即1923年元旦，陈洌六十初度，陈氏张乐宴会于贡院西街的寓所圆寿山房。韩暮雨歌《荣归》、《探亲》二曲，当日赴宴的有袁励準、袁励贤兄弟、孟宪彝、刘崇惠、黄厚成等。《孟宪彝日记》民国十二年（1923）元旦有"为陈亮伯写寿屏一副，前往贺寿，留用晚饭"的记录，而没有提及他们席间歌《击鼓骂曹》、《捉放曹》的细节。

次日（1923年1月2日），溥伦与袁励準兄弟宴陈浏于酒家，招韩暮雨作陪。陈氏善饮，与溥伦各尽数十巨觥，夜深而醉，韩暮雨扶他登车，送他回家。十一天之后，即壬戌十一月二十七日（1月13日），才出现钟广生《行状》中描绘的溥伦、溥侗兄弟在自家府邸为陈浏夫妇祝寿的场景。韩暮雨自然是堂会的焦点，唱的是戏单上的第四出《乌龙院》。除了前述请柬上作东道的五人之外，其实还有庚申年的不少旧雨，陈浏自述：

> 贝子之弟振国将军溥侗、侍郎宗室宝熙、李家驹京卿、耆龄、张权、吴敬修观察、保恒、沈瑞麟、吴永、陈庆龢、张祖廉部郎、绍荫暨侍讲、大理臬季各醵金为寿，其不足者贝子独任之，犹不止千金。贝子连演出《连环套》、《法门寺》，将军奏《弹词》、《琴挑》二阕，弟兄又合作《连升店》一出，都凡十有四剧，以士人昆曲为多，曲终而东方白矣。

配合上文可知，溥伦对陈浏确有知己之感。到了旧历新年，韩暮雨在吉祥园之外，兼在崇文门外广兴园演出半月。韩郎所居的暮雨山房位于吉祥、广兴之间，陈浏因此往返两处，不时在暮雨山房小憩。与韩暮雨相处日久，仍相敬如宾，没有市井的狭邪气，让他想起光绪十二年（1886）在京时，经好友王彦威介绍，与梅二琐（梅兰芳的父亲）的交往，也是如此。

陈浏痴迷韩暮雨，每到梨园，必念秋郎。好友邓邦述拉陈浏去听侯俊山，也以不见韩郎为恨，所幸侯氏已招韩暮雨来同台演出，这让陈浏喜出望外。袁励凖在《庚申秋词》跋中提到，陈浏同时比较欣赏的还有徐仲达，名侗，小字小如意，身手矫健，并善歌曲。八十三日歌酒流连，韩郎都如影随形，陪伴陈氏左右。陈浏到松花江后，韩暮雨还专程出关到哈尔滨探望他，张朝墉跋《暮雨山房图》云：

> 好儿滨在松花江上，余之旧游地也。郎不远数千里访之，吉林成澹堪（多禄）者，叟之同年生也。角奇斗韵，裒然成集，命曰《南冈唱和诗》。之二君者，皆余所创之漫社同社生也。叟以侍讲所书之两词合装一长卷，而倩善书者杂录它诗于后，同社贺黄公（良朴）为作《暮雨山庄图》，见南山人陶瑢特画秋海棠花一枝于卷首，其不肯貌郎之眉妩者，叟雅不欲郎以真色相示人，但令后之披览是卷者，神往于秋天暮雨时也。

陶瑢绘《秋思图》

成多禄与陈浏同是漫社中的好友，陈浏在故都期间，漫社的诗词雅集成为他这阶段重要的活动。据辛培林《漫社与嘤社》一文介绍，漫社成员从民国十年（1921）辛酉7月至十二年（1923）癸亥春，每月初八、二十四置酒高会两次，出版《漫社集》三集六卷。嘤社是陈浏出关后，留在北京的社员重新结的社，与陈浏基本无关。据《漫社集》第一卷程炎震序后附录成员共十三人：张朝墉、萧延平、陈浏、贺良朴、成多禄、孙雄、黄维翰、周贞亮、程炎震、陈士廉、路朝銮、向迪琮、曹经沅。第三集又增加特别社友四十八人，如樊增祥、陈宝琛、王树楠、陈衍、柯劭忞、郭曾炘、王式通、傅增湘、邓邦述、闵尔昌、袁励準、郭则澐、赵尔巽、秦绶章等，均列名其中。

漫社在两年多里举行社集五十四次，第三十七集题目就是《寿陈亮伯暨其夫人侯菽园六十》，社员参加外，另有王树楠、涂凤书、姚锡光、梁志文、顾祖彭、吴昌绶、陈庆龢、袁励準、丁传靖、陈衍、蒯寿枢、邓邦述、谭祖壬、朱庆澜、舒正曦等十五人参与其中。

清末民国间，文人结社之风，并未随政权更迭、政局动荡而消歇，同时留下来丰富的结社文献。其中详细记录社集章程的却并不多，令人意外的是，在陈浏所保存的溥伦遗墨中，有一份很细致的章程，很可能是陈浏在参加漫社之外，与遗老们另曾结社。《会章》写于朱丝阑笺纸上，已经剪裱成三十五行，后附补记三行"此彝龕贝子手笔，贝子名溥伦，字叙斋，行四，侗之胞兄也"，作为了解民国间结社的重要文献，抄录如下：

一、本会定名，春曰嬉春，夏曰涤暑，秋曰赏秋，冬曰消寒，每月举行一次。

溥伦手书《会章》

一、设会计一人，并管理会务，由会中公推。

一、入会者纳资，第一次各出五元，以后按月各出二元，交会计经理。

一、会费收支各款，每三个月结算一次，报告同人。

一、每月会期由会计酌定、通知，如有是日不能到会，请于知单注明（或寄函，或由电话，均可），以便改期，如无故不到者，仍出会费。

一、会中人之车班饭钱，无论在何处集会，概由自备。如同意作各种游览，其旅费另行议定。

一、会中人得邀请外客于集会时，先征会中人之同意。

一、会中人生日，同人公祝，各出费三元，不限于本日举行（正寿祝费，另行议定）。

一、会中人遇有机缘，应酌捐会费。

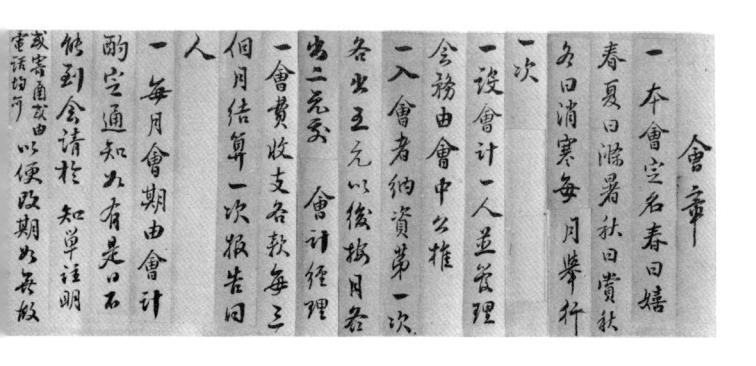

一、如有欲出会者，预先函知会计，可无须说明
理由。

一、所有会章未尽事宜，于集会时商定之。

以往对于清末民初结社的认知，从社集诗文中看到的大抵
是诗酒唱和、风花雪月，于实际的运行经费、规程的管理，
并无具体的说明。从上引可知，当时集会组织还是有很成
熟的规程的，具体涉及集会定名、会计设立、会费缴纳、
外客邀请、生日公祝等，甚至连个人参会时的车班饭钱，
也加以清楚说明。虽然此会章与漫社无直接关系，但从三
集《漫社集》中，除了为古人如苏东坡、黄山谷等做生日
外，社员生日也多举行公祝活动，可见一时之风气。

三、邓之诚与顾太清的纨扇

在陈浏暨夫人侯氏六十岁寿辰期间，漫社中人为此专
门举行雅集外，从现存文献可以发现，陈浏与熟于掌故的
邓之诚也有密切的交往。陈、邓二人算是同乡，年龄相差
二十三岁，民国间陈浏到北京任职后，方始有交往。邓之
诚没有厕身于漫社特别社员中，却撰有《陈母侯菽园太夫
人六十双寿序》，并亲自用工楷抄录成长卷。陈浏特意将之
与邓氏原稿装成卷子，请林止题引首，即《明斋著作》卷。

陈夫人侯菽园，名淑，扬州人，比陈浏小两岁。邓之

诚作《寿序》的时间是民国十三年（1924）7月，陈浏适从哈尔滨回北京，随即将之携出关外，于是在邓氏《寿序》纸尾，有了继娶遁园主人马忠骏之女的吴玉如（吴小如之父）所题寿诗：

> 六十重逢新甲子，沧桑不变旧家声。兴亡事迹谁聪辨，巾帼夫人竟圣明。

> 快婿诗豪怜傲骨，佳儿学士擅文鸣。一门风雅真堪羡，福寿齐眉薄世荣。

吴诗紧接邓序，并有小序称"太夫人之淑德懿行，邓序已述之详矣。璆既拜识亮伯先生于滨阜，覆仰固不待言。而先即识介弟飞青先生，固亦一时杰出之士也，掌中东铁路监察局事"，则与印光法师通信、1921年在哈尔滨倡建极乐寺的中东铁路稽查局长陈飞青，就是陈浏的弟弟。1931年，陈飞青又与叶恭绰、周叔迦等在青岛倡建湛山寺，是民国间著名的居士。

在《寿序》中，邓之诚说到他与陈浏的相识，始于"国家以史馆隶大学，之诚与先生及哲弟飞青同被征。时哲嗣亚牧方掌教大学，亦遂相习。复因亚牧以识其兄彦直，因飞青以识其弟曲江，于是遍交先生父子、昆弟间"。王锺翰、邓珂合撰《邓之诚先生传略》称"当时国史馆初改国史编纂处，隶于教育部，以北京大学校长蔡孑民（元培）

先生兼为处长"，国史编纂处归在北京大学下，邓之诚被聘为民国史纂辑，即"以史馆隶大学"的注脚。据1918年6月18日《北京大学日刊》第二版国史编纂处启事，陈飞青名列编纂人名单中，与邓氏所说相合。陈浏入国史编纂处，很可能出于好友蔡元培的邀请。

在国史编纂处共事期间，邓之诚因与陈浏同有骨董之癖，时常一起游海王邨，赏鉴古物，"上下其议论，酒酣以往，旁若无人"，交情之笃，以至于邓之诚"生子逾期，遂以养于先生为义子"，也就是说两家成了寄名亲，关系自然更进一步，与普通朋友之间的交往有所不同。

陈浏很早就将弟弟陈瀚（飞青）、陈浦（曲江）及长子陈说（彦直）、次子陈颇（亚牧）送往俄、法、比各国，学习工程等专业。陈飞青于1938年前后去世。陈曲江于抗战爆发前，返回北平生活，在《邓之诚日记》1936年以后偶有所见，如1941年旧历五月四日记：

> 午赴洪煨莲邀饮，看藤（萝）花，一年一度，今已六年矣。今日同座有陈公穆、鸟居、吴雷川、杨啸谷、陈曲江、张东荪、萧正谊、王锺翰及予。邀而未至者张孟劬，饭后照像，复谈至六时始散。

王锺翰在《藤花会逸事》一文中开列参会的主要名单，陈庆龢（公穆）为陈浏老友，其余各家均有事迹可考，唯陈曲江当时不知为何人、与邓之诚有何关联。不想他竟是陈浏的弟弟。若此时陈浏仍健在，和弟弟一起在北平的话，恐怕也是藤花会中人。陈曲江去世于新中国成立后，据邓氏1958年四月十七日（6月4日）记："陈曲江在中央公园与友人同饮归，正步行，一跌而逝，奇。"

邓之诚《寿序》对陈浏、侯淑夫妇生平介绍颇详，尤其对两人子女的情况有所记录。借此可知，陈彦直任职于京汉铁路局；陈亚牧初为清外务部主事，受知于瞿鸿禨，入民国后，改任库伦都护署秘书，继而到北京任教，为蔡元培、沈尹默等礼重。1919年2月8日《北京大学日刊》第二版载通知"预科俄文教授陈飞青先生现在因事不克来校，所授功课自本星期起，暂由陈亚牧先生代课"。陈亚牧又在北京孔德学校教授法语，与沈尹默、周作人等有交往。在《暮雨山房图》卷中，出现民国十三年（1924）小除夕沈尹默题"秋思图"三字引首，也就不奇怪了。关于陈亚牧的晚年，《马衡日记》中有所涉及，1949年7月12日记：

> 景洛来言，陈亚牧于十日前由港来平，上火车时中风，死于车站。以其只身旅客，检其身畔及行李，始得其姓名，辗转通知景洛。盖景洛之夫人虽为其甥女，而素未谋面也。现在稿葬于车站附近，拟为募捐改葬，余拟赙以千元。亚牧于卅五年冬离平，不知何往，今始知其往依沈贻，服务南京市政府。去年年底

沈尹默题《秋思图》引首

迁广州，被疏散，今始北来也。

景洛即朱家溍先生的二哥朱家濂（1908-1997），如此算来，他应是陈浏的外孙女婿辈。在朱家濂的《先君交游录》里，提到了陈浏在故都交往的袁励準、陈宝琛、朱益藩、宝熙等人，可惜没有谈及朱文钧与陈浏有无交情。

在陈浏、邓之诚二人的交往中，堪称学林掌故者，实由邓氏韵字砚斋所藏清代才女顾太清的一面纨扇。在陈浏遗物中，有邓之诚用蝇头小楷所抄录顾太清《消寒诗》六首小卷，后缀有长跋云：

丙寅秋，予买得太清诗扇，款署道光丁未。是时太清居东养马营，其屋即予东邻也。于是有"短巷从今添掌故，隔墙花盼明日红"之句。埋庵有"可怜终古凄凉月，夜夜虚来养马营"之句。一时题者甚众。寂翁亦有诗张之，顾欲归寂娱堂，数数求之，弗获。乃命余书以细字，为聊胜之娱。太清诗无格律，然不失为才女，配以予书，荒伧无纪律，不几唐突耶？度终不足以塞翁雅意，异日必以扇归翁，即以此为券，何如？丁卯秋七月，书于京邸均字研斋。文如居士邓之诚并识。

丙寅为民国十五年（1926），邓之诚的寓所，离顾太清东养马营旧居不远，获此扇令他诧为奇遇。将之装成挂轴

太清夫人所书团扇
《消寒诗》

后，遍征题咏于友生间。邓氏自题七言绝句，后两句即跋文中所摘引者。另有曾习经、林止、丁传靖、陈庆龢、叶恭绰、陈洌、张尔田、孙祥偈、崇彝、冼玉清等题辞，其中，林止即邓氏跋文中的埋庵。寂翁即陈洌，其诗云：

> 干禄新书雅不惭，缇衣诗案骋蜚谈。簪花细楷清道极，笔法原来似定庵。

顾太清和龚自珍的那段传闻，早为人所熟知，毋庸赘言。重要的是，陈氏诗后自注说"余藏有奕绘小印，兹诗宜见畀，徒以文如先生新居与东养马营毗邻，不肯夺爱"，与邓之诚跋语中说陈氏"数数求之，弗获"前后呼应。邓之诚抄录《消寒诗》赠陈洌时，曾信誓旦旦地说"异日必以扇归翁，即以此为券"，但1929年冬，冼玉清北游故都，为邓之诚藏扇题诗时，陈洌已长逝于关外，纨扇自然也就留在了五石斋中。此扇面今藏广东文史研究馆，至于其流入岭南事，笔者已撰《顾太清纨扇入粤》考之，可参看。

从吴湖帆的十首《清平乐》谈起

刘　聪

　　笔者曾考，吴湖帆与周錬霞订交于1952年夏秋之际。至于订交的缘由，陈巨来《记螺川事》云："冒鹤亭屡屡以她诗词绝妙告于湖帆，力为介绍。二人在鹤老家一见生情……"按陈巨来所说，吴、周二人在冒鹤亭的介绍下，似乎是一见钟情，但事实真的如此吗？在吴、周订交之初，二人之间究竟还发生过哪些故事？

　　检手稿《佞宋词痕第二册》，有《清平乐·次小山韵十首子月之望》，十首小词后来亦收入影印本《和小山词》中。然而细读手稿，笔者发现在每首词作之上，还依次写有"二、六、七、一、五、四、三、八、九"，再往上，又写有"3、9、10、1、7、5、4、12、11、2"。稍加揣摩，不难猜出最上面的阿拉伯数字其实是十首小词后来收入影

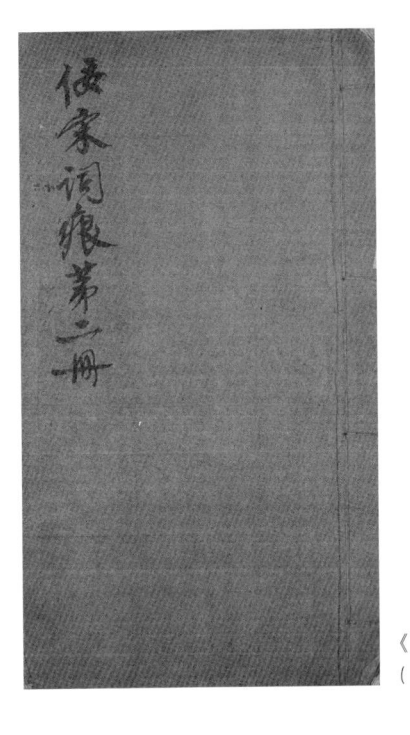

《侫宋词痕第二册》
（上海图书馆藏）

印本中的顺序。原来，十首《清平乐》在编入影印本《和小山词》时，作者对词作的顺序做了很大的调整，而手稿上的中文数字和阿拉伯数字，正是作者两次排序时所留下的标记。

不过，无论是手稿本中还是影印本中的顺序，都与晏几道《小山词》的原本顺序不同。而作者煞费苦心地两次排序，显然也不是出于艺术上的考虑。那作者的目的到底

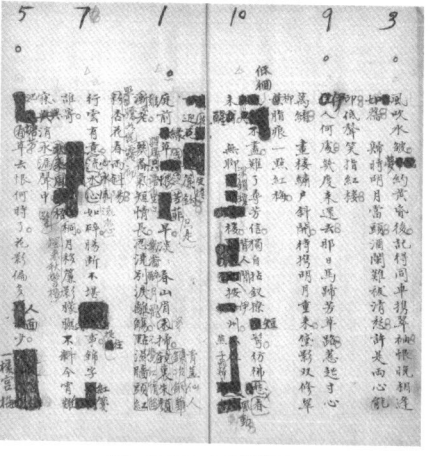

吴湖帆《清平乐·次小山韵十首子月之望》手稿

何在？笔者曾发现，《佞宋词痕》手稿中的很多修改，都是为了隐讳作者和周錬霞的亲密关系。那十首《清平乐》的顺序被刻意打乱，会不会也是如此？换句话说，如果十首小词按最初的顺序——解读，是不是可以看出词作背后所隐藏的一些故事？

我们不妨先依稿本顺序，看看其中前四首：

一

风吹水皱。梦约黄昏后。记得同车携翠袖。恨晚相逢如旧。　　归时明月当头。酒阑难被清愁。许是两心能印，低声笑指红楼。

二

伊人何处。几度来还去。那日马蹄芳草路。惹起寸心万绪。　　画楼绣户斜开。待携明月重来。黛影双修翠柳，脂痕一点红梅。

三

低徊不尽。难了寻芳信。独自拈钗撩短鬓。彷佛愁春未醒。　　无聊深锁琼楼。背人闲唱伊州。燕子飞归风动，迎花先卷帘钩。

四

庭前绿草。只恨芳菲早。淡淡春山眉浅扫。绿盖青羊未老。　　寻思语重心长。几番醉月飞觞。不觉红情斜照，娇如花露初阳。

前四首可看作十首《清平乐》的第一段落。

第一首写酒筵散后，词人与某女主人公同车而归，二人都觉一见如旧，却又恨相逢太晚。临别之时，已然明月当头，或许真是彼此心心相印，词人刚想打探女主人公所居何处，"美人一笑褰珠箔，遥指红楼是妾家"。这位善解人意的女主人公究竟是谁？按词中"许是两心能印"，正是化用周鍊霞的名句"但使两心相印"。而"恨晚相逢如旧"，也正是吴湖帆在涉及周鍊霞的词作中常常会使用的一个意象。

前文已证，吴湖帆与周鍊霞订交时，已年近六十，与顾抱真结褵也已逾十载。因此，一提及周鍊霞，吴湖帆每每会流露出"恨晚相逢"的意思。如《朝中措》"只恨相逢太晚"，《洞仙歌》"道不恨相逢何处重经晚"，《玉女摇仙佩》"恨晚恰逢，相怜多感"，《更漏子》"相逢迟，相印久"等等。就连友人杨千里也看出了吴湖帆对周鍊霞的心思，故不免在为《佞宋词痕》所题的《徵招》中开起了他们的玩笑，杨词云："况螺鬟清妙……却赢得知音玉貌……悔相逢不早。"不难看出，"悔相逢不早"正是吴在与周交往中的一个心结，一种遗憾。词人越是感到相印之深，就越是后悔相逢之晚。

因此，笔者认为"恨晚相逢"的女主人公正是周鍊霞。后面二、三两首紧承第一首而来，第一首写男女主人公同车而归，第二首写男主人公别后之相思，第三首写女主人公别后之闲愁，次第井然，脉络清晰。而第四首却像一个倒叙的电影镜头，一下子把读者又拉回到分别之前的酒筵上，这是吴湖帆在追忆与周錬霞"醉月飞觞"的韵事。

第四首说春草尚且萋萋，春芳却零落过早，不过淡扫眉黛的伊人，并未随春天一起变老。词中的"绿盖青羊"，手稿曾作"镜里朱颜"，"青羊"、"青盖"（词中易作"绿盖"）均为汉铜镜名，这里代以指镜。而强调镜中之人"未老"，也正是因为女主人公周錬霞已是有了一点年纪的人。末两句"不觉红情斜照，娇如花露初阳"，说周氏晕红的双颊如夕阳斜照，而脸上的汗珠又像清晨阳光下花朵上的朝露。状周錬霞醉后之貌，极为传神。

从第五首至第七首，是这组《清平乐》的第二段落。三首词中，吴湖帆忽将笔锋一转，词人的情绪也从欢娱走向了悲凉：

五

行云有意。流水心如碎。肠断不堪提往事。锦字红笺谁寄。　风来秋警梧桐。月移帘影朦胧。不料今宵难寐，兴消漏永声中。

六

池塘春草。去恨何时了。花影偏多人面少。一样宫梅娇小。　相思旧曲琵琶。低徊新月窗纱。何况飞琼伴侣，萦怀咏絮才华。

七

　　向程无住。携手同归去。语密言长忘浅路。转眼画楼过处。　　离离心印常青。依依景触牵情。回首梦魂如昨，月移花影难凭。

　　第五首"肠断不堪提往事"，到底是什么往事让词人不忍提起？按第六首"池塘春草"，显然是用潘静淑"绿遍池塘草"的名句，之后"一样宫梅娇小"，也不由让人联想到吴、潘二人曾同住的梅影书屋。从三首词中所透露出的各种信息看，吴湖帆所"景触牵情"者，当是他与亡妻潘静淑的旧事。

　　或许有读者不解，为什么在谈及周錬霞的四首词后，会忽然插入悼念潘静淑的三首？笔者以为，人在情感上本就是十分复杂的，在产生新恋情的初期，往往会勾起对昔日恋情的回忆。尤其潘静淑与吴湖帆琴瑟相和，却不幸中年猝逝，这对吴氏的打击不可谓不沉重。我们无论读《丑簃日记》还是读《佞宋词痕》中吴悼念亡妻的文字，都能感受到吴湖帆那种痛彻心扉的悲戚。可以说，正是因为周錬霞的出现，才又拨动起吴氏沉寂已久的心弦。因此，这三首词的转折从内容上看，虽似显突兀，但从词人的情感脉络上讲，却又是极为自然且顺理成章的。

　　最后三首是这组小词的第三段落。词人将镜头重新对准周錬霞，写重逢、表白、被拒的三部曲：

八

脂香沾袖。如醉葡萄酒。诗意门藏栽五柳。宝树
芳邻彩寿。　　动人似叩心弦。柔情都绕灯前。一笑
眸回凤印，今宵明月华圆。

九

敷文尽去。隽语无嫌絮。醉意狂情禁不住。争似
谁家深处。　　窗前月色微昏。更阑悄掩重门。正好
相倾肺腑，胜于真个销魂。

十

吹箫自问。难道无缘分。细柳丝丝多结恨。系马
斜阳远近。　　怜才多少情钟。沉思泪影重重。何事
魂销肠断，还期梦里相逢。

第八首写某次寿宴上吴与周相遇并对其动心。开篇说
周鍊霞的脂香无意间沾上了词人的衣袖，让词人闻后如醉
葡萄美酒。之后"诗意门藏栽五柳"则较费解，会不会是
说吴氏在见到周鍊霞后，所作的诗词中便常常隐藏着像五
柳居士陶渊明一样不合礼教的"闲情"？上片末句的"彩
寿"，是点明相遇的地点即某次张灯结彩的寿宴上。"宝
树芳邻"，用王勃《滕王阁序》之"非谢家之宝树，接孟氏
之芳邻"，这是吴湖帆谦称自己虽不像谢家子弟一样出色，
却有幸能结识如周鍊霞这样有才华的朋友。下片中"一笑
眸回凤印"，稿本原作"一笑重逢凤印"。笔者怀疑，吴、

周"重逢"的这次"彩寿",很可能就是前文所举1951年冒鹤亭七十九岁的生日宴。吴、周在40年代相识后,笔者所知二人最早的"重逢"也正巧是在这次寿宴上。更巧的是,冒鹤亭生于旧历三月十五,与吴湖帆填词的"子月之望",又都是"明月华圆"的时候。而"夙印"者,昔日之印象。"一笑眸回"者,不正是记吴、周初逢的《少年游》中"可念当初,无言一笑,临别太匆匆"吗?最后两句或是说,在冒氏寿宴上见到周鍊霞的回眸一笑,让吴湖帆又忆起了"红罗荐酒"时的昔日印象;而重逢那晚的月亮,也正像今宵填词时一样团圆。

之后第九首说周鍊霞的谈吐尽去雕饰而隽永有味,词人对她的情意已禁不住到了狂醉的地步。一次月色微昏、重门悄掩之际,词人借机倾诉了自己的相思之情,算是大胆表白。至于表白后结果如何,第九首中并未明讲,但从第十首"吹箫自问。难道无缘分"来看,则明显是遭到了周鍊霞的拒绝。其后"多结恨"、"泪影重重",更可看出词人已是伤心至极。既然感情在现实中无望成就,那"魂销肠断"的吴湖帆,也只能期待与意中人"梦里相逢"了。

至此,我们是不是能够理解为什么吴湖帆要不厌其烦地打乱十首小词的顺序?

因为按照最初的顺序,我们发现十首《清平乐》原来是一组特殊的联章体,虽可分作三个段落,但背后却隐藏着一条脉络连贯的情感主线。为了怕读者看出端倪,吴湖帆在整理《和小山词》时，才将后来续作的两首《清平乐》与这十首合在一起，再把十二首的顺序全部打乱。今天，如果我们按照影印本的顺序来读，实在看不出一首首小词之间到底有何联系。而如果恢复了手稿本的最初顺序，则十首词背后的故事，还是不难寻出各种痕迹与线索的。

十首小词词序中的"子月之望"（影印本中已删去），即旧历十一月十五日。因为吴、周二人订交于壬辰（1952）夏秋之际，而手稿《佞宋词痕第二册》收词又止于癸巳（1953）秋，所以这里的"子月之望"只能是壬辰年十一月十五日，即西历1952年12月31日。此时距吴、周二人的订交尚不算太久。

在《佞宋词痕》卷五中，另有《传言玉女》一阕，词末也注云"子月之望"，词曰：

> 玉样伊人，一片朗怀如雪。素盟何许，暗愁肠似结。难道分浅，未补情天偏阙。凭谁消受，等闲花月。　　醉熟黄粱，渐醒来，梦又歇。絮泥巢燕，且湘帘试揭。红窗夜阑，好景物华堪说。当头金镜，望圆时节。

此词亦见于吴氏手稿《癸巳》（见于北京匡时2014年秋拍），手稿中词后有跋云"癸巳十一月望，夜月感怀，寄紫宜二首"（另一首为《侍香金童》）。据此可知，开篇所称赞"朗怀如雪"的"玉样伊人"即周鍊霞，而词人因当初无法与她缔结素盟，才不由得愁肠暗结。随后词人自问：难道我与她真的缘分太浅，不能弥补潘静淑逝世后我的情感空缺？难道我对她的感情，最终只能是黄粱一梦吗？

我们发现，两首小词虽分别作于1952年和1953年的"子月之望"，但《传言玉女》之"难道分浅"与《清平乐》之"难道无缘分"，却显然是在说同一事。原来，在1952年的"子月之望"，吴湖帆被周鍊霞拒绝后因过度伤怀而写下了十首《清平乐》。一年后，他对此仍郁结于怀，便又填写了一阕《传言玉女》。为什么吴氏偏偏对这个日子念念不忘呢？笔者猜测，"子月之望"很可能就是吴湖帆被周鍊霞拒绝的日子。以致第二年的同一天，词人追忆往事，仍不免怅触怀抱。

在1952年夏秋之际，吴、周二人经冒鹤亭介绍，以切磋词艺而订为文字交。但订交之初关系如何？我们一直缺少可靠的材料。从对《清平乐》与《传言玉女》的解读来看，吴、周二人的情感发展并非一帆风顺。至少可以确定，在1952年底，周鍊霞曾拒绝了吴湖帆的表白。因此，二人当时的关系绝非"在鹤老家一见生情"那样简单。

其实，从常情推断，彼时吴湖帆与续弦顾抱真尚为合法配偶，他对周鍊霞的表白本来就是逾礼之举。而周鍊霞的夫婿徐晚蘋虽远去台湾多年，但在法律上，徐、周二人的婚姻关系也并未终结。使君有妇，罗敷有夫，这样的感情如何能轻易成就？而遭到拒绝的吴湖帆，是不是从此只能与周鍊霞"梦里相逢"了呢？

检《佞宋词痕》卷五之《蝶恋花·次周清真韵二首》，我们不难从中找到答案：

> 絮话回车从别后。意托心悬，待月斜凭牖。不道相思如中酒。依稀梦里携纤手。　墙上三竿红日透。睡起惺忪，倦眼呈娇秀。好事联吟词数首。匆匆离会情如旧。

> 酬唱心诗情已定。分浅交亲，深爱如瓶井。霞珮云裳衣炳炳。水流不放容华冷。　月下吹笙花底影。鹦鹉帘前，红叶防窥听。漫捻香囊撩扇柄。轻歌低按声同应。

两首小词亦见于手稿《佞宋词痕第二册》。手稿中《蝶恋花》之后隔一首就是写于1953年初的《清平乐·上元》，因为手稿大体是按时间编排的，所以我们推算这两首《蝶恋花》大概也是写于1953年的年初。从时间上看，恰恰是吴湖帆被周鍊霞拒绝后不久。

第一首"絮话回车"是说吴、周二人絮语不断，在依依惜别后吴湖帆才调转车头而归。而别后吴氏意托心悬，相思如醉，以致在梦中又与意中人携手相会。下片"墙上三竿红日透"三句，则说吴湖帆异日相访时，周鍊霞尚睡

190

眼惺忪，但在吴的眼中，却又别有一种娇秀之态。之后"好事联吟词数首"，是写二人订交初期酬唱联吟之常事。而"匆匆离会情如旧"，不正暗指之前曾发生过一件可能会影响二人关系的事，但最终并未影响，二人还是感情如旧吗？这里自然是说周鍊霞在拒绝了吴湖帆的表白后，并没有改变对吴的态度，因此吴、周间的交往和感情还是一如往昔。

第二首"酬唱心诗情已定"，当然不是两情已定，而只是吴单方面明确了自己的感情。其后"分浅交亲，深爱如瓶井"，则可窥见吴当时的心境已经发生了微妙变化。"分浅"二字，当然还是作者在被意中人拒绝后感叹彼此缘分太浅，难以缔结"素萌"；但"交亲"二字，却又透露出他们的关系在交往中已日渐亲密；之后"深爱如瓶井"，则用白居易《井底引银瓶》诗的典故，比喻男女之间的关系如从井底拉起银瓶一样易碎易断，难以成全。再之后"霞珮云裳"两句，是赞美周氏服饰华美又驻颜有术。而"月下吹笙"数句，则可知二人在文酒之余，花底吹笙、帘前传诗等韵事亦复不少，这些无疑都是吴、周当时往来频繁的见证。

看来，在1952年底，吴湖帆表白失败后虽曾一度"魂销肠断"，但周鍊霞对此却毫不介怀，也没有拒绝与吴继续来往。因此二人的关系不仅没有疏远，反而在1953年初还变得更为亲密。不过，因为曾被拒绝的经历，吴湖帆对这种亲密关系又极度缺乏安全感，认为二人之间的感情如银瓶悬井一样并不牢固。

《佞宋词痕》卷五中还有一首《过秦楼》，也体现了同样的心境：

> 紫陌花秾，绿窗人静，漫说几番魂断。泅波画好，漱玉词工，绮思淡传罗扇。无奈醉醒未知，消却流年，物华如箭。但金钿卜鬓，银瓶悬井，意亲还远。　曾记得，倦客餐霞，鲛人霏泪，更是印心红染。西厢待月，南苑吟风，一样柳眠三变。凭道闲忙为谁，愁绪牵伊，花扶人倩。对余春旖旎，光烂明星万点。

从开篇"紫陌花秾"和篇末"余春旖旎"来看，此词所写应是1953年暮春之事。词中用"紫"用"霞"等，都是嵌周氏的名号。上片"泅波画好，漱玉词工"，与前文《南乡子》"斗茗才华倒印红"一样，并用赵孟𫖯和李清照的典故，暗点吴、周二人的身份。下片"花扶人倩"，更是用周氏"人醉花扶。花醉人扶"的名句。毫无疑问，这位牵惹"愁绪"的伊人即周錬霞。其中，"银瓶悬井，意亲还远"与"分浅交亲，深爱如瓶井"遣词用典也几乎全同，都是在表达吴湖帆当时既纠结又无奈的心理。

我们可以想象，从"难道分浅"、"难道无缘分"到"分浅交亲"、"意亲还远"，一方面，吴湖帆认为在被周錬霞拒绝后已经没有能够成就感情的希望；另一方面，他又被周鍊霞深深地吸引着，以至无法放弃与周鍊霞继续来往。此时，吴湖帆是既享受着彼此的亲密关系，又忍受着因感情无法实现而给自己带来的痛苦。人生面对感情的难题，往往会患得患失又束手无策，当年的吴湖帆也正是如此。

〔附记〕

本文为《中年才识愁滋味——吴湖帆与周鍊霞》（未刊）之第四章《分浅交亲》。原书第一章曾以"《佞宋词痕》中的一段吴湖帆、周鍊霞往事"为题发表于《澎湃新闻·上海书评》（2017.7.18），第二、三章曾以"吴湖帆和周鍊霞的订交与相识"为题发表于《掌故》第二集。

试解《数学难题》四友（上）

——金克木与沈仲章：难忘的影子（三）

沈亚明

　　《〈忘了的名人〉中的非名人沈仲章》（简称《非名人》）附了张老照片，上有一个平台，刻着"苏州图书馆"，四个角各站一个人。解说词写道："……在《难忘的影子》的末篇《数学难题》里，这四位友人的影子不断晃动于书页之间。相关的故事，且待本小系列的后面几篇，尤其是最后一篇分解。"

　　续篇《金"译匠"与沈仲章的人间"天缘"》已略叙四友缘分，这篇重点说他们。

——对应：四个石墩四位友人

　　《非名人》解说词引金木婴之语，四人是"你父亲与我父亲及崔明奇、林津秀"。本篇再附"苏州图书馆平台四友"合影，标明哪个位置站哪个人。

2015年初，我将这张摄于1946年的照片传至苏州，查询图中景物变迁。当地有个新浪网络圈，激起一股追踪小浪。相助者实地勘察，拍照对比，得出结论：平台不知所终，但四个石墩尚在苏州公园（原"苏州大公园"，当地仍习惯称"大公园"）。细辨所附2015年图中一排直列的四根石柱，正是1946年图中平台四角的四个石墩。

基于金华森提供的信息，简述如下：

四个石墩像是"武康石莲花柱"。猜测原为附近一座梁桥的石栏柱，也称"望柱"。从四根石柱两侧榫槽高低不一，可推算安置朝向，甚至想象桥拱形状。继续溯源，石柱也许是明初被毁建筑之残存，疑为宋代或更早遗物。民国建造苏州图书馆，挪来利用，平台为新旧建材合璧。

图书馆初立，坐落于苏州大公园内。1925年开放使用，1930年改称吴县图书馆。从保存图片看建筑外形，颇具欧洲城堡风格。1937年"八一三"事变，上海军民奋起抗日，苏州各界响应支持，成立抗敌后援会，会址就设在这个图书馆。1937年11月19日苏州沦陷，当天下午四时许，日军连续炮击图书馆，楼房被轰成一片瓦砾。

没想到我对背景现状的好奇，竟勾出一段痛史。

父亲摄于1946年的照片，满地荒草，"城堡"荡然无存，光剩一个大平台，幸而"苏州图书馆"字迹清晰。这

苏州图书馆平台四友：（左起）金克木、林津秀、崔明奇、沈仲章，1946年摄于苏州大公园（今苏州公园）（沈仲章自拍，金木婴提供）

原"苏州图书馆"平台的四根石柱现状，2015年摄于苏州公园（金华森摄）

张四友写真，为图书馆战后遗容留了真，成了历史见证。苏州园林档案局缺乏类似照片，传语征集。

探究配图场景今昔，仅涉《数学难题》边缘。正题是金沈崔林四友，因照片背景在苏州，联想到些许人物背景：

金克木生于江西，祖籍安徽。崔明奇和林津秀都是广东人，林氏家族曾长居北京。我家原属"吴兴沈氏"，但父亲老家在苏州。沈崔相交最早，始于上世纪20年代中期。遇到战乱，即便沈仲章本人不回家，崔明奇也可径自去苏州沈宅避难。林津秀及姐弟们都与沈仲章手足无拘，以她的性格，到沈家不会见外。金克木虽与沈仲章结识稍晚，但很快相熟，要是去苏州，也会受到同等礼遇。

金克木1946年从印度归国，由吴宓介绍去武汉大学任教。崔林夫妇抗战时随复旦大学内迁重庆，1946年随校搬回上海。父亲自1941年末离开香港，其后几年在上海、苏州两地居住。

1946年合影记录四友同游苏州，想是沈仲章的邀请。荒野探险，废墟觅古，向来是父亲癖好之一。而尽地主之谊，带着读书朋友，踩踏遗落于杂草丛中的图书馆台基，也很像父亲爱干的事。至于四人分别占据四角四石墩，不知谁的主意，我意归功于活泼的林津秀。

时间接近的照片里，还有金沈崔林与吴晓铃等在上海虹口公园的合影。日后与世交对照书信，再聊相关往事和友人。

那是"题外题",下面先聚焦本题。

出场先后:《数学难题》里的代名与真人

提出"难题"者

提出难题者是"已知数",即作者辛竹。相关生平容我"抄袭"现成简介:"金克木,字止默,笔名辛竹,1912年生于江西,祖籍安徽寿县。中学一年级失学。1935年到北京大学图书馆做图书管理员,自学多国语言,开始翻译和写作。1948年后任北京大学东语系教授……"(陈平原《问世间,"学"是何物——读〈金克木集〉》,《光明日报》2011年10月26日)

引文所述,父亲大都对我讲过。唯"中学"一句,以前孤陋寡闻。金克木以小学学历教大学,算是学界"牛"事。我也从小听父亲"吹",小学毕业的金克木,在大学当教授。直到输入摘录,才发现还有中学。翻看《难忘的影子》第四章,青年A确在中学"混"过。

假设有人上过小学但未读完,撇开年级不论,学历一般算"小学辍学",而不会降到"未上学"。按这条思路,倘若金克木"中学一年级"才"失学",学历往宽里说,该是"中学辍学",高一档。

关于金克木的论述很多,我却看得极少,不知对学历有无定论。不过,学历只是外在标签,其对内在学养的衬托作用，无须太在意。我恰巧读到陈平原文，顺手摘引"简历"，顺带评论。其实，我更想推荐该文这一段：

> 仰望星空，叩问人生真谛与宇宙奥秘，老顽童金先生真的是生命不息，猜谜不止。所谓"猜谜"，不是追求彻底解决，而只是提出问题，最多稍带提示努力方向。这里有顿悟，有个人趣味，也有学术上的考虑——明知一时无法解答，那就留下若干探索的路标，让后人接着做。如此无拘无束，上下求索，融会贯通文／学、古／今、中／外、雅／俗，本身就其乐无穷。

借此打个招呼，拙文标题含"试解"二字，仅是愿望，说到底还是"猜谜"。所以，难免提出更多"明知一时无法解答"的问题，企盼"留下若干探索的路标，让后人接着做"。

好在大家都明白，《难忘的影子》是自传体小说，最后一章即第十五章《数学难题》里，最先出场的主人公青年A，正是金克木本人。试列递换等式：

第一位出场者＝主人公青年A＝作者辛竹＝金克木

"难题"前的人物

其次出场的是青年B，从第五章《少年飘泊者》起，他几乎一直陪着青年A，陪到第十五章开头，然后"淡出"。青年 B 出现在《数学难题》正题之前，不属求解范围：

第二位出场者＝青年 B（非求解对象）

该书最后一次提到青年 B 时，与另几位合在一起这么写："青年 A 觉得青年 B 对他有友情，杨克对他的也是友情，心园的和张的当然更是友情。"这是描述思维过程，杨、张、（陈）心园三位仅出现于青年 A 脑中，并非出场人物。

青年 A 顺延推理："即使有个女的对他好，他想那也不过是这样的友情，没有什么特别。"这便为即将出场的"有个女的"，埋下了伏笔。

对如今大学年龄的青年来说，金克木真是在虚构小说。正当青春的小伙子，怎么可能把"女的对他好"，也当作"不过是这样的友情，没有什么特别"呢？

我生于新老接替的夹缝年代，若存在"代沟"，大概正在"沟"中，看得见两边。我可以为金伯伯作证，这种想法不是虚构，也不止他一人。与金克木同被称为"怪人"的沈仲章，也有类似心理，讲过不少相关议论和逸事，对我影响很大。

张和陈心园也是青年 A 的朋友，先前几章描述他俩各自为恋爱而烦恼，正好与最后一章内数友的情趣风格，相为映照。

张和陈是虚构人物还是有其原型？这两位，还有另一个辛竹听说的因"失恋"而自杀未遂的男生，在第十五章都不算正式出场，超出正题，略过不究。

以下出场的主要人物，个个都能"验明正身"。

第三个真正出场的是杨克。

青年A在上述那段内心活动中，想到了杨克，不久便去拜访。他俩一起去豆浆牛奶铺，在那里用世界语"高谈阔论，旁若无人"。没料到旁边有人，"邻座过来一个青年"，即下一位出场者，"很客气地问他们：'对不起，请问先生们讲的是不是意大利语？'"

金克木在《忘了的名人》叙及同一事件，不难对号入座，杨克就是杨景梅：

第三位出场者＝杨克＝杨景梅

辛竹简单带过B、杨、张、陈等几位，我也简单表过。而在豆浆铺巧遇的第四位是关键人物，归下一小节。

"难题"中的人物

阿尔法、贝塔和迷娘是《数学难题》中的三位重点人物。因是求解对象，每人名下将专设一大节。这小节先露个底，点穿谁是谁。

上文说到豆浆铺里冒出第四位。这位新来者虽客客气气，却冒冒失失，一上场便开了个"国际玩笑"，误当世界语为意大利语。已闻多人评论，金克木写得太明白，新来者显然是沈仲章。

沈仲章在《数学难题》里，代号"阿尔法"。

父亲在学生时代，别号不止一个，可我没听说过"阿尔法"。对此有两个猜测：

第一个猜测：父亲忘了告诉我。这不奇怪，许多人记不全自己的所有别号。再说，用希腊字母当代码，在各国大学生中，是有一定传统的。父亲与朋友们各认一个希腊字母指代，不是不可能。

但金克木描述的是沈仲章的密友圈，那几位的互称该是常用的。如此的话，我或多或少该听过见过。可我努力搜索记忆和资料，尚未发现。

第二个猜测：辛竹为写小说，另行编创了一个代号系统。由此想到，父亲用得最多的别名是 Argon。Argon 是化学元素"氩"，源于希腊文 ἀργόν，第一个字母就是"阿尔法"。

父亲为何获得 Argon 这个称号，分解容缓。先简单说说朋友们怎么写：

有人照搬外文，比如林津秀有几封致沈函，抬头直书 Argon。也有人改用中文，而汉字写法，则依首字分"亚"与"阿"两大支。（没见过"氩"字。）

父亲广东朋友多，广东话里"亚"与"阿"相通，起头都无 y 类半元音，直接发 a 音，与 Argon 起音相近。于是，起首"亚"或"阿"，加上第二个音节的不同用字，搭配五花八门：

父亲自选"亚贡"，金克木总写"亚工"。与父亲同年考入北大的陈珪如，交替着用"阿贡"或"阿工"，可听她的发音却像"阿戆"或"阿刚"。不清楚她是受闽腔国语影响，还是外文读音影响。别人也各有所取，包括若干我电脑软件没有的异体字。吴光伟、邵乃愄等女士，相对善解人意，名从主人，大多写"亚贡"。

父亲到了八十多岁，回顾一生专为他人做嫁衣裳，自己名下空空，曾叹道，被金克木的"亚工"说中了，总是"工"作，却少"贡"献。还说以后自己也写"亚工"，但不知是否当真。

以等式作结：

> 第四位出场者＝阿尔法＝Argon／亚贡／亚工／阿贡／阿工／阿戆／阿刚……＝沈仲章

青年A去拜访这个阿尔法，又遇见"一男一女"。进屋时那两人"同时"在场，但细读行文，辛竹先描述"男的"，便算他排第五位。

这人是谁？崔明奇。

"贝塔"是辛竹杜撰的假绰号，还是崔明奇学生时代的真别号？

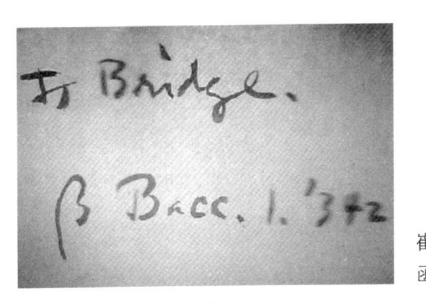

崔明奇1946年1月致沈仲章
函（局部）

找到一封崔明奇给沈仲章的信，以外文署名。恰好信末正文里，有个大写B起头的英文词Bridge（桥牌）。两相对比，外文落款的第一个缩写更像希腊字母 β（贝塔）。签名后部，即点号之前像是Bacc。其B之写法与Bridge的B相似，应是大写拉丁字母。我能想到较接近的，是与拉丁文bacchor同根的那组词。我知识面窄，不敢继续猜。

　　　　第五位出场者＝贝塔／β＝崔明奇

既然崔明奇签名缩写有希腊字母贝塔，也许沈仲章也曾把希腊字母阿尔法，当作自己别号的缩写？还是辛竹替他选的代号？一时解不了，搁一边。

换上第六位，即"一男一女"中的另一半，这个"女的"是林津秀无疑。

辛竹称她为"迷娘"，按希腊字母"排行"，则是忝列末位的"俄美加"。这两个称呼是林津秀当年的真外号,还是小说人物的两个假名字?

林津秀在送金克木的一张照片上签名Mignon,给Argon写信常署名"弥勇"。Mignon原为歌德笔下的一个文学人物,法国歌剧Mignon和舒伯特的几首歌曲等,皆源于此。若依法语发音,Mignon与"弥勇"挺接近。

Mignon的汉译,起先马君武用"米丽荣",现通常依郭沫若用"迷娘"。目前我上溯到1928年出版的《沫若译诗集》,父亲与林津秀相识应更早些。当时林津秀还是少年,随着大姐珠秀来看大学生排戏。林津秀的Mignon别号,最初来自德文诗歌还是法文歌剧,朋友们是否曾用汉译"迷娘"称呼林津秀,仍需依据。

第六位出场者=迷娘=俄美加=Mignon=弥勇=林津秀

·

还有一些非重点人物:

迷娘接纳青年A为"自己人",想"派"他依例取圆周率"派"为代号。"争执"过程中,带出了不在场的另两位朋友。我一听,就知道是谁。

人物没有正式出场,本来可跳过。因也是圈内密友,迟早得求解,我先直截了当用等式"揭底":

第七位（未出场）＝伽玛＝亚芒＝张砚田

第八位（未出场）＝茶花女＝吴光伟

"亚芒"与"茶花女"，是不是一对儿？正是。两人曾同台演出《茶花女》，得了这双雅号。沈仲章是那个学生剧团的核心人物，扮演阿芒的爹。其间也有趣话，怕跑题不提了。

另有若干人物，匆匆上场旋即不见。归拢一起列两个等式，为"演员表"收场：

第九至十二位＝迷娘的室友／邻居＝她的姐妹／朋友们

第十三位之后＝大同中学门房、青年A的其他朋友、卖号外的

回头核查，发现漏了一个。青年A初次去阿尔法寓所，碰到个看门老头。论出场先后，在崔林之前，但一晃而过，没必要重新编号，注明一下。

原型对照（一）：阿尔法与沈仲章

以下三大节，分别针对《数学难题》着力刻画的三个小说人物，比较各自的原型。

依出场次序，先说阿尔法。顺着辛竹笔到之处，评点虚实，略补具体资料。

正规学历

辛竹笔下的阿尔法，"本来中学也没有读完"。原型沈仲章连小学都没读完，一天中学都没有读过。

父亲幼时，随兄长沈维钧读过私塾，因故休学。及至学龄，插入新式学堂的二年级，而后跳级。当时初等小学四年制，他读了两年不到，又因病没参加毕业考试，未获文凭。高小三年制，他只读了一年半便退学。折算成六年一贯制，小学五年级还不曾读完。

上文"计较"金克木的学历，有点出于"私心"。试想，要是中学失学只算小学学历，那么父亲初小高小都没读完，还剩什么？

辛竹说，阿尔法"仗英文好，得到主考的外国人特别赏识，进了唐山交通大学学工（那里一切课都用英文）"。

父亲手无文凭，却以为"同等学力"可凭口说，闯入唐山大学驻沪招生处报名。与办事员理论之间，李斐英教授闻声而出。李教授是海归华人，满口英语。也许因沈仲章英语流利，破例准考。那年的数学卷，只考四则运算，正适合不太懂代数的沈仲章，听说出题与阅卷的主力是位美国教授。

辛竹又说，阿尔法"以后转到北大物理"。基本属

207

实，更具体一点，是三年以后。所谓"转"，并非办个转校手续，而是另行报考北京大学，与所有报名者一样考试竞争，录取后放弃唐山。

"北京大学物理系毕业"，金克木可能真的这么认为，在别的文章也如是说。多篇拙文已言及，父亲考入物理系，毕业于哲学系。校方出具证书但父亲拒收，理由是缺了党义和军训两门必修课，又转考经济系。

父亲还上过北平大学的艺术学院，文凭签署待取，但父亲没去领。

以上每段"学历"都含趣事特例，因涉题外，不扯开。父亲曾"自豪"地自嘲，什么学校他都未曾正式毕业。

爱好之一：音乐

阿尔法告诉青年A，"我喜欢的是音乐和爬山，还喜欢学语言"。不妨逐项核对。

"先从音乐家刘天华学过二胡，后来又学钢琴。"父亲拜师刘天华，先学二胡，再学小提琴。钢琴是自学加上杨仲子等导师点拨，还学过古琴和其他乐器。

"最近有人从意大利学音乐回来说他应当学唱。"上世纪30年代初，陈德义在意大利获得音乐学博士（像是这个学位）。陈回国，父亲与崔明奇上门私下求教。接着推荐陈到北大音乐学会当导师，讲授西方音乐理论。不记得父亲说过，陈德义对声乐有研究，鼓动他学唱。不过，父亲曾经协助陈德义用五线谱为程砚秋记谱，少不得要哼两句京戏。

父亲学声乐始于唐山大学，加入了合唱团。北大音乐学会请赵丽莲当歌咏导师，学生自排轻歌剧，父亲唱男主角，王爱芬（记音）是女主角，马珏也参演。北平大学艺术学院有位意大利声乐女教师，发现沈仲章音域既宽且高，鼓励他专攻男高音。

本小系列前两篇已略涉同类话题，这里角度不同。

"他的音乐爱好转移到中国古琴上，以古琴谱娱乐晚年。"父亲自50年代初起，致力保护古琴艺术。为此他多次去北京，包括拜访琴友，出席打谱会议。想是父亲上京与金克木相聚时，常聊到古琴。

爱好之二：旅游

阿尔法说："我一有空，就出去爬山；五岳名山以外还去过几处，独往独来。"其实登西岳华山，好友杨春洲等同往。因逢大雨，别人都半途而退，唯独沈仲章勇闯山洪。

已知金沈相识于30年代初期，到了30年代中期，父亲爬过的山又多了几座，比如山西五台山、江西庐山、广东罗浮山。五台山礼佛与庐山觅仙是单枪匹马，攀援罗浮山是小队人马，其中有徐森玉和竺可桢。

爬山之外，父亲还曾徒步独自勘踏华北乡野，露宿郊外，穿越战区……

辛竹记录，阿尔法两次邀青年A做伴出游，言及一些想去的地名：

"还很少人去"的河北省百花山。见过一封信，父亲后来去了那座山。

"将来有机会一同去西北，去新疆"。《非名人》讨论"新疆话夜班"时，提过沈仲章有此志向。

"借调查方言可以跑许多地方"。对的。

"这位登山爱好者到八十岁还能到处跑，只要能动就不忘游玩"。是的。

父亲旅游故事很多，不少可自成小题。青年A判断，"这对他比学世界语更重要"。也许。

爱好之三：语言

金克木与沈仲章第一次相遇，起因是纠缠不清世界语和意大利语，这事提了又提。

《数学难题》描述了第二次相遇，阿尔法开门欢迎青年A，没几句便问：

"你那位广东朋友走了吧？"

"你怎么知道他是广东人？"青年A记得杨克并没有说籍贯。

"他一口广东音还能听不出来？"

寥寥数笔，善辨方音的沈仲章跃然纸上。

关于"会讲几种方言和外国话"，可参见《非名人》中的"学外语小史"。

"不过舌头还比不上他的耳朵。"父亲对我说过一个简单的道理：耳朵能辨析声音的细微差异，是学语言的首要条件，其次才是舌头。舌头不一定跟得上耳朵，但学不好的人往往亏在根本听不出自己的错。

"学语言不费脑筋。"短短三段里，这话阿尔法说了两次。看来真是沈仲章常说的，因此金克木记得牢。

其他才能

"他的耳朵特灵，是仗了音乐与物理学的训练。"小说作者只用一句话，把阿尔法的学历、爱好和特长串了起来，似乎说得通。

接下来的那位语言学教授，是两个原型合二为一。记"钟声"的该是刘半农，"同样是学音乐和物理的"当然是赵元任。刘赵二教授确实都希望沈仲章学语言学，辛竹并非无中生有。

刘半农去世前，父亲是他得力助手。关于记钟声，至少有两例：一次在北京天坛鉴定编钟编磬，参与者是刘半农、郑颖孙、沈仲章、曹安和、杨筱莲和另一人（估计是周殿福）。另一次在开封博物馆，父亲协助刘半农和郑颖孙测试古钟。

史语所搬离北京前，父亲去静心斋听过赵元任的课。赵氏全家赴美途经香港，沈仲章曾忙碌效力。若非太平洋战争，父亲已约定去美国哈佛大学研究院，师从赵元任。徐文堪告诉我，1981年"元任先生初访大陆时，令尊就见过"。

辛竹说："恰好他又是个摄影爱好者，有技术。"这不一定算才能，"爱好"始于20年代末，之后的五六十年里，"技术"不断提高。

阿尔法还"认识很多木材"。金克木幼女木秀70年代来沪，对我面露"崇拜"地说："我爸爸总说，沈伯伯什么木头都认识。"

上文提及因战火阻断交通，父亲去不了美国。同一原因，他也回不了香港为居延汉简图册扫尾。流落上海时，父亲协助朋友办铅笔厂，到江南乡间采购木料。单身汉佣金留着懒得取，被转为股份，结果成分划为资本家。

工作经历

父亲从小学跳到大学，中间干什么去了？辛竹说："在上海一家外国木行学徒。"那叫祥泰木行，掌权的都是英国人。父亲识木材，就是少年时学的。

辛竹又说："语音学家刘半农（复）把他拉进北大的语音乐律实验室当助理。"上司对，机构也没错，职务一字之差，应是"助教"。

辛竹还说，西北科学考察团需要人看守古物，"什么事也没有，但责任重大，还得懂点行，出三十元一个月，找不到人。把他从北大拉来暂时干这个没事做的事"。这也算做事？

我听两位老伯说，父亲在考察团兼职当干事时，一个人顶几个人，还管几个人，做很多事。徐森玉继刘半农之后，在考察团当管事的常务理事。徐文堪曾告诉我：考察团的事"主要是令尊在做"。

小说本来不必事事有据，而且很可能，父亲当年自己"故作轻松"，认为好多事不值一提。"干这个没事做的事"，很像父亲的戏语。

辛竹提到，斯文·赫定要运古物去欧洲，与中国人争执。这类事发生过不止一次，父亲曾以不同身份参与协商。尤其在1935年采集品放行瑞典一案中，父亲起过大作用。但阿尔法初遇青年A时所指事件，该更早些。

辛竹写汉简南下，简洁明了："西北的居延汉简留在北平。'七七'抗战开始后，这位朋友在日本占领军的鼻子底下，用走私办法'盗运'到了天津，又去上海，转往香港。他还在香港大学图书馆给这些汉简一一拍照存底。"

整个历险过程是大题目，逾越本篇。这里只对有可能引起误解的一小处，作个说明："一一拍照存底"的地点最初是北大文科研究所。及至香港，先在港大图书馆，再移到商务印书馆。

居住场所

青年A按照阿尔法给的地址，步入那个"可以踢球"的"大空院子"。临近房子，"听到有钢琴声音，还唱外国歌曲"。进屋看到，"除了一台钢琴像个样子以外，无论桌子、床铺、椅子、地上，连那唯一的旧沙发，都是未经整理的"。

我相信金克木在重播脑中"录像"，所述该是原型沈仲章的寓所实情。

记得父亲说过，他为西北科学考察团"看仓库"，院子很大，屋里有钢琴。密友圈的崔明奇、林津秀、吴光伟等，时常聚集"沈寓"，聊天、唱歌、排演小品……

父亲迁入那个住处，应在1933年以后。不久前金木婴与我讨论，认为我们的父亲相识于1931年。但我俩一致认为，《难忘的影子》是小说，可含虚构。1931年父亲还住北大宿舍，不是《数学难题》里的那处。

辛竹描写环境的其他笔墨，比如"只门口有两间房，院子里边尽头有一排房子"，"别的屋子门上有锁"，我觉得基于真实记忆。我存有希望，金克木的记录，能有助于辨认右页图里的房舍。

探溯此图背景，意在像金克木那样，"提出问题，最多稍带提示努力方向"。我隐隐感觉，对研究早年学术机构史和北京地方史等，这张历史照片可能有用。

据分析，该图应摄于30年代中期，按快门者估计是相

沈仲章在北平，估计摄于30年代中期，疑为寓所或办公室户外

熟无拘的朋友，场所也是熟悉自在的。初步想到两个可能地点：

一个是《数学难题》中的阿尔法寓所。这一猜想在我脑中盘桓已久，线索是父亲的零星回忆：西北科学考察团在北平需要"大本营"，刘半农请北大拨了个院子。先是沙滩8号，有个大花园。生物研究所征用该处当实验花园，考察团搬到涉山门大街，在景山西面。有一处（大概后一处）是典型的三合院，正屋一连四五间，父亲住一间。墙上有大玻璃窗，屋前有走廊和柱子。

另一个是北京大学文科研究所，即父亲全职工作的地方，也是居延汉简在1937年夏天前的存放处。这一猜测的依据，是父亲背倚那堵墙的构造，与北京松（嵩／崧）公府内现存老建筑有点相似。

2015年夏，我托北大图书馆的陈体仁，找那一带老居民对比两张照片。辨认者回答："推测可能是。"又说那个大院早被改建，老平房大都拆除，到50年代末，仅余子民堂。

有人提出，第三个可能是北大学生宿舍西斋。据说西斋还保留着，可惜我不便越洋考察。

当然还有其他可能。

有意思的是，本篇起首为一张苏州照片溯源，结尾又为另一张北京照片寻踪。很不好意思的是，我解题无能，反而提出更多问题求解求助。

核证实际地点，是治史撰志者的专攻。作为女儿，我对父亲年轻时的性格情调更感兴趣。所以，青年A亲见的"连学生宿舍都不如"的"单身汉的住屋"，亲闻的"我身体是外强中干，活不到三十岁，加入人寿保险最好，可惜还没有老婆孩子领钱"等言辞，我觉得挺有趣。尤其那几句奇谈怪论，符合父亲口吻。

阿尔法说自己"活不到三十岁"，有助于推算父亲与金克木最初何时相识。按常理，阿尔法如此预言时，离"三十岁"该有那么几年。父亲出生于1905年，金木婴估测她父亲与我父亲相识于1931年，算来有道理。

阿尔法的预言不准，沈仲章后来有了"老婆孩子"。父亲活到八十岁出头，我不记得他买过人寿保险。

诚如辛竹所言，阿尔法"一生好交朋友，却从来不说自己的事。他做的事只有他的好朋友才知道"。因此，我特别感激金伯伯写下这些宝贵的记忆。

〔补记〕

《数学难题》不好解，交卷前"作弊"，求教过金木婴，纠正了些差错。有的讨论若插入正文，易搅乱原本思绪的自然流向，追补于下：

木婴姐认为："我父亲上的那个师范性质中学，可以春季先入学，秋季招生时再考学籍，但未等到招考，学校就因闹学潮而停办。未取得学籍，恐怕只可算试听，不好算学历吧？"先前我误随"中学一年级"之说而发感慨，删除恐怕牵涉别处，但必须在此澄清史实：父亲是对的，金克木只有小学学历。

木婴姐告诉我："青年B是俄语专家蔡时济先生，虹口公园照片中有他，因此你父亲与他也是相识的。"那便是第一节提到的上海虹口公园合影。金克木和吴晓铃夫妇由印度返回中国，众人迎接，游园欢庆。金克木的母亲在，沈仲章、崔明奇、林津秀等朋友在，蔡时济一家五口都在（蔡家两男孩不在照片里）。

沈仲章、崔明奇和林津秀等欢迎金克木和吴晓铃夫妇归国，1946年10月摄于上海虹口公园（金木婴提供）

前排左起：崔明奇、吴晓铃、蔡小勤（蔡时济女儿）、周学勤（金克木母亲）、金克木、蔡时济；后排左起：吴元戊（孙晓村夫人）、林津秀（崔明奇夫人）、沈仲章、石素真（吴晓铃夫人）、胡惠勤（蔡时济夫人）

　　没想到预报"题外题"的照片，竟与《数学难题》直接有关。该章六位主要出场人物，除了第三位杨景梅，一、二、四、五、六聚齐。

　　我又细看同批照片，推算那张"苏州图书馆平台四友"，当摄于1946年10月24日左右。继而猜测，上海虹口公园大团聚在前，"难题"四友同游苏州在后。

既然转回第一张图，再附张导游图。若有兴致踏访四个石墩，可参考。

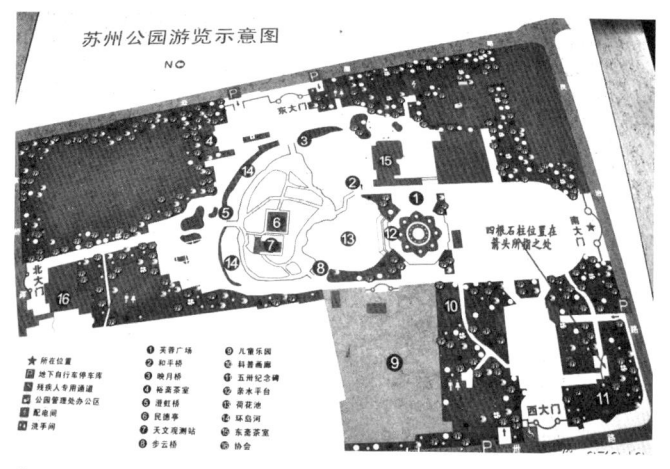

苏州公园游览示意图（金华森摄）并标注四根石柱位置

最后，感谢对本文有帮助的金木婴、金木秀、蔡冰、徐文堪、石汝杰、陈体仁、夏剑钦、徐维源、周澍民、金华森、徐文高、沈亮、陈林林、耦园等。

高贞白和鸳鸯蝴蝶派

许礼平

上世纪80年代，高贞白喜与友朋在香港鹅颈桥的"欢乐小馆"雅聚，逢星期二中午举行，曰"星二茶座"。有一回雅集中，有人说起钱塘潮，接着也有说广陵潮。而浅陋如我，在1982年也曾随虚白斋主人刘作筹先生去海宁观赏过钱塘潮的波澜壮阔，大气磅礴。但广陵潮谁见过呢？高贞白先生接过话，说："我看过！好睇呀！"这话使众人停了话，都愣住了！

要知在唐中叶以前，扬州（古称广陵）、镇江一带长江上的广陵潮，较后来钱塘江潮更加波澜壮阔，令骚人墨客写下许多诗篇。但广陵潮在唐大历年间完全消失，地貌已变，"山川形胜，已非畴昔"，一千二百多年之后，高先生怎么看得到呢？在座众人不解。高先生以其不疾不徐的习惯语调作解释，说看的不是大自然的广陵潮，是李涵秋的《广陵潮》。众人给逗乐了，高先生的话题也从《广陵潮》

1991年8月10日,高贞白与一众老友在香港鹅颈桥欢乐小馆饮茶吹水。左起:许礼平、王汉翘、林翠寒、高贞白、刘作筹、翁一鹤

转到李涵秋的身世,继而讲到鸳鸯蝴蝶派。

于是听众就从一个惊异转入另一个惊异,惊异的是这位惯谈典实的掌故家,却在赞谈那鸳鸯蝴蝶派的小说。而且,高先生对鸳鸯蝴蝶派每一位作者的身世和作品都十分熟悉和肯定,他也蔑视时流的评论。有人以时流的批判相询,高先生也懒得细加回答,只摇头一笑说:"言语欺凌,那不必认真。"按理,掌故学是史学旁枝,崇尚的文字当是朴实的,但掌故家高贞白却能出乎意料地去称赏那些虚构的小说。

三十多年过去了,"当时只道是寻常",现在把这事联系到高贞白的整个人生，却发觉高先生作为一个骨鲠的自由学者，这当中自有其个性的表征。在举世滔滔鄙夷和批判鸳鸯蝴蝶派的年代，他不盲从附和，坚持"从吾所好"。对那些大批判的上纲上线付之一笑："言语欺凌，那不必认真。"这种精神就是孟子所谓"虽千万人，吾其往矣"的坚持。

以下，是把高贞白先生一生中一些可以作为表征的事例统合而言。

马克思主义与鸳鸯蝴蝶派并重

高贞白的少年时代，是马克思主义与鸳鸯蝴蝶并重的时期。定庵诗"亦狂亦侠亦温文"，庶几似之。

少年高贞白1923年入澄海县立中学（四年制）读书，高先生曾说1925年6月，"杜国庠先生回到故乡做澄海中学校校长，开课后不到一个月，我已经和他混得很熟，名为师弟，实则朋友"（见《六十年来的香港物价》，《听雨楼随笔》〔柒〕，第331页）。

杜国庠（1889－1961）又名杜守素，广东澄海人，哲学家、史学家。早岁留日，归国后在北京大学等校执教鞭。1928年2月在上海加入共产党，太阳社成员，中央文化工作委员会成员，曾参与筹组中国左翼作家联盟（左联）与中国社会科学家联盟，主编左翼刊物《中国文化》。新中国成立后，出任中国科学院广州分院院长，致力以马克思主义观点研究中国古代思想史。

高先生曾忆述他在澄海中学时参与爱国行动，说：

> 一九二五年十月以后，澄海驻有不少党军，革命气氛弥漫，今日开会打倒土豪劣绅，明日打倒帝国主义和军阀，到十二月廿三日，学校里的老师李春蕃（今日之柯柏年）召集一群前进青年，先训我们一顿，讲话内容是基督教是帝国主义者的以文化侵略急先锋，我们要打倒列强，就要压止他们传教活动。我们到教堂捣乱。

这个"我们"，是指一帮前进青年（包括高贞白自己），而这个所谓"捣乱"也很温和。这位李老师只是"约好了我们几十个好事盲从的青年，十二月廿四日到城内外各教堂唱双簧戏，神父讲耶稣，我们在旁讲打倒帝国主义。所谓捣乱者，如是而已，甚为温和，未演成双方大打"。这是澄海中学时期的革命氛围。少爷仔也受感染而参与了"革命"行动。高先生说"因为形势对我们有利，地方上有党军，冇有怕"（见《圣诞怀旧》，《听雨楼随笔》〔肆〕，第121页）。

按：高先生说的党军，是当时开入潮汕的国民革命军，简称民军、党军，又称东征军。而陈炯明的部队则称为粤军。这次领导捣乱的老师李春蕃是潮安人（大革命失败后赴沪改名柯柏年），比高先生大两岁，是杜校长带来的人。这位李老师和杜校长除了去教堂捣乱，又成立"汕头收回教育委员会"，收回汕头的华英中学（英教会学校）改名南强中学作自办。这位李春蕃老师，还曾带领高先生的二十多位同学，以旅游的名义步行去海丰学习农民运动经验。这些下乡的同学返校后大多加入共产党，更成为澄海共产党骨干。

要紧的是，高先生的爱国行动并不是出于"偶然心事"的冲动。高先生当时确是自命为进步，"开口闭口就社会主义，共产主义"。据他自言："当时有位同乡翁君，在伦敦做抽纱生意的，他曾取笑我道：'六少爷是富家子，共了产你就知味了。'我答道：'我不希罕家产，人人有饭吃，不是好过我有吗？'"（《从〈甲寅杂志〉谈到章士钊》，《大成》第37期，第35页）

其实，高先生当时所醉心的"马克思学说"，未必是马克思学说的整体精神，只是以传统儒家的"人饥己饥，人溺己溺"的人道精神为基础，附会地去接受糅合成自己的"马克思主义"。他和那个年代的许多人一样，把马克思学说和人道主义、礼运大同等传统思想糅成普遍正义的统一。这做法不止高先生个人，而是上世纪二三十年代马克思主义在中国普遍传播的理解。

高先生早年的左倾，是在有比较的情况下出现的。对于国民党的"约法之治"和"训政"的说论，以及独裁的

高贞白先生

形成，他是嗤之以鼻的。事实上，国民党没有一套完好服人的理论，遂令许多人才都向左倾了。

　　但到了30年代，高贞白先生却又是游离远引，寻回"帝力于我何有哉"的"自由"身份了。高先生很注意个体存在和自由，后来他庆幸自诩"没跟杜国庠走"。

　　可以说，从30年代直到60年代，高氏一直是共产党的同情者，但许多事又是不肯苟同的。这些都可以从他的交往和文字中感受出来。慢慢地，对于"党争"他自己是处于一种超然的状态了。他给朋友录过一首黄庭坚的诗：

　　　　风急啼乌未了，雨来战蚁方酣。真是真非安在，

人间北看成南。(《次韵王荆公题西太乙宫壁二首》)

当中可窥见其心境。这也可以解释他何以写稿不分左右,即使是人多忌讳的第三势力的刊物,他也是在所不拘的。

一个偏左的自由主义者,也是会被极左分子仇视的。他也曾被恶蛇咬过一口,那是50年代初的事,我从前写过,在此不再说了。

他的掌故学和文艺观都是由个人兴趣衍变而成的,他在《大成》杂志有一段自白:

> 壬戌(一九二二年)以前,我是个十分孤陋寡闻的"少爷仔",只会读些古文、经书、章回小说、林译小说和临摹碑帖。

壬戌年家里请来林姓塾师(澄海人林屏周)。

> 上半年我读书可说万分自由,读自己欢喜读的。因为不必应付背诵的压力,……我的时间腾下来的就多了。其时,直奉第一次战争发生,在大厮杀前一两个月,张作霖、吴佩孚、曹锟、梁士诒四个主角,大开笔战,互相通电攻击。那些电文也有写得颇像《古文观止》的,我就从报纸上抄录下来。

按：吴佩孚电文都是骈散并用的，如第一封五日"歌电"，隔了两天的"庚电"，第三次十口发"蒸电"、十一日"真电"更是直接给梁氏个人的，有说：

> ……今与公约，其率丑类迅速下野，以避全国之攻击，三日不能至五日，五日不能至七日，七日不能，是终不肯去位，吾国不乏爱国健儿，窃恐赵家楼之恶剧，复演于今日，公将有折足灭顶之凶矣，其勿悔！

这里的"三日不能至五日，五日不能至七日，七日不能，是终不肯去位"是套韩愈《祭鳄鱼文》的句式，韩愈文是："今与鳄鱼约：尽三日，其率丑类南徙于海，以避天子之命吏；三日不能，至五日；五日不能，至七日；七日不能，是终不肯徙也。"

以后还有十二日的"文电"的警句："燕啄皇孙，汉祚将尽。斯人不去，国不得安。倘再恋栈贻羞，可谓颜之孔厚，请问今日之国民，孰认卖国之内阁？"

这"燕啄皇孙"，是当年骆宾王《讨武曌檄》骂武则天是赵飞燕的句子："燕啄皇孙，知汉祚之将尽；龙漦帝后，识夏庭之遽衰。"而梁士诒别字燕荪，则这"燕"字巧能双关了。电文的结句一问"请问今日之国民，孰认卖国之内阁"，也是套用《讨武曌檄》的"请看今日之域中，竟是谁家之天下"。

227

　　高氏自言，论列这些骈四俪六，自然要参考事实，这就成为他的掌故学的开始了。

　　而对鸳鸯蝴蝶派的向往，这又要回顾本文开始所述的事情。

　　在高先生热心地跟杜国庠、李春蕃参加实际行动的同时，他已经喜爱鸳鸯蝴蝶派的小说，是"正沉迷在上海的'鸳鸯蝴蝶派'的文学中"（林熙《"小说大王"李涵秋》，《大成》第116期），对鸳鸯蝴蝶派的向往是高先生精神上的一片"自留地"。那时他和毕倚虹就有书信往来，即所谓"神交"。（正因为太了解毕倚虹，四十年后为了毕氏的《事略》，却在香港引起一次笔战。这似乎是他唯一的一次笔战，最终由当年鸳鸯蝴蝶派的郑逸梅，在香港《大公报》的副刊"古与今"刊文，证明高先生所言属实。）

　　再者，他爱好骈俪文字，前文谈吴佩孚的电文时已说过了。而"鸳派"中人也是颇不乏此的，高先生自然会留意。至于高喜欢那些骈俪小说的文字，既往也曾有所自道，只是出现的频率不高，读者就少留意了。

　　曾有人问及高先生如何看待"鸳派"的有关评论，本来高先生是说过"言语欺凌，不必认真"，但"暴力"者是谁？高先生并未说明。

　　据知郑振铎在《文学旬刊》第49号（1922年9月11日）说过：

　　新近遇见了一位老朋友，谈起上海那些无聊的
"小说匠"，我那朋友说："你们称他们为'文丐'，似
乎还嫌太轻描，照他们那专好迎合社会心理一点而观，
简直是'文娼'罢哩！"（西谛《"文娼"》）

"鸳派"是无组织的，一些人只顾撇清自己，自然也没有人
理直气壮地回应指责。不过郑氏指责的"专好迎合社会心
理"，这却是实情，但任何面世的东西又怎免得了社会的
"功利"呢？"专好迎合社会心理"是"鸳派"的社会性的
表现，又何罪之有呢？挞伐之言说得太高调，是不食人间
烟火？可知道1913年鲁迅以《怀旧》投稿于《小说月报》
（第4卷第1号），叶圣陶用叶匋笔名及刘半农以半侬笔名都
曾投稿于《礼拜六》……再说，"文娼"的称呼，也很见骂
者的气焰了。

　　穷文人为衣食奔走，不能不有"功利"的意识，这算
不上是其心可诛的事。那个年代，海上漱石生（孙家振，
字玉声）为上海的游乐场"楼外楼"策划节目和戏单，周瘦
鹃为先施百货办《乐园日报》，包天笑为永安公司办《天韵
报》，凡此种种，虽是求升问斗，但都对社会有正面的作用。

　　至于有人指责鸳鸯蝴蝶派是"诲淫"，这就更不知从何
说起。

　　"鸳派"是注重爱情，但也留意女权，陈蝶仙编《女子
世界》、高剑华女士办《眉语》、王蕴章主编《妇女杂志》

等妇女刊物，都是能进入知识家庭的杂志，登载的都是当时上海名媛，有女诗人、女画家、女小说家等的照片，如陈小翠、吴青霞、方君璧、冯文凤、顾青瑶等等，还辟有《闺秀诗话》及《欧美才媛小史》等专栏。

也许"诲淫"之说，不是指这妇孺刊物吧？而小说方面，自然是多写爱情和对封建婚姻的反抗，这些主题就和巴金的《家》、《春》、《秋》相似，只是因用文言去写便被视为腐朽、诲淫了。

事实上从社会事务到个人感情，从高先生身上都能找到马克思主义和"鸳派"爱情小说的影子。高先生少时即与毕倚虹为笔墨之交，到60年代，更为澄清毕倚虹的《事略》而回应笔战。而在办《大华》时，又向"鸳派"硕果仅存的人物如陆澹安、郑逸梅等约稿。到70年代，是高先生力促包天笑完成他的《钏影楼回忆录》和《衣食住行的百年变迁》，并为之刊行，而这两书都极具历史文献的价值。这些都说明了高先生和"鸳派间的感情"。

李涵秋的《广陵潮》

弄清了高先生和"鸳派"的背景和渊源，那要回到谈李涵秋的《广陵潮》了。

李涵秋是"鸳派"五虎将之一（另四位是徐枕亚、包天笑、周瘦鹃、张恨水），《广陵潮》是"鸳派""四大说部"

李涵秋中年小像

之一（其他三部是徐枕亚《玉梨魂》、平江不肖生〔向恺然〕《江湖奇侠传》、张恨水《啼笑因缘》）。《广陵潮》原名《过渡镜》，先后在汉口《公论新报》、上海《大共和日报》和《神州日报》连载。全书一百万言，共分一百回，写当时（清末民初）扬州云、伍、田、柳四家人的盛衰荣辱、悲欢离合的故事。

而文化界对李涵秋《广陵潮》的评价，也是极为纷纭的。

像徐文滢发表在1941年12月《万象》的《民国以来的章回小说》中有评价说：

　　《广陵潮》走着略略近于谴责小说如《官场现形记》、《二十年目睹之怪现状》等等的道路，虽是洋洋百万言，由于文字技术的不洗炼，很少可取的地方。这书反映着清帝国溃亡的社会现象却很有力量，因此它写扬州光复前前后后，特别是革命党人的牺牲诸段，都相当动人。写迂儒丑态不免过度夸张，连刻薄的程度也够不上，因为不易令人信是真情。至于主人翁云麟的恋爱故事，写得很有点像《红楼梦》的细腻，亦有一二段叫读者流泪的。大概全书十六大册中，勉强可以选出十六分之一可读之处。李涵秋其他著作还很多，几乎没有一部更象样足述的。

不过胡适的评价说法就不同：

　　民国成立时，南方的几位小说家，都已死了，小说界忽然又寂寞起来。这时代的小说，只有李涵秋的《广陵潮》还可读，但他的体裁，仍旧是那没有结构的《儒林外史》式。（《胡适文存》第二集第二卷）

只这两者比较，其差别就已很远了。对此，只有用高先生的话回应："言语欺凌，那不必认真。"

　　1983年高先生尝撰《"小说大王"李涵秋》一文，谓：

李涵秋《广陵潮》书影，
上海震亚书局版

　　我常说民国初年流行的鸳鸯蝴蝶派文学能深入民间，一般人易于接受，新文学未能打入社会民间，只能吸引文化水平较高的人欣赏。

　　新文学家主张要严肃对待文学，文学作品中如有消闲意味的就不是好文学，这是他们的偏见。新文学中又分左右，左的还主张文学要为人民，为政治服务，甚至远推到为马、恩、列、斯主义服务呢。这又是新的"文以载道"了。我并不反对"文以载道"，也不反对文学为什么人服务，文学是一种工具，什么人都可以欣赏它，利用它，但绝不容有人霸住它，自称霸王，要人人跟着它走。

　　左派的文学自称革命的，进步的，民众如需要它，可以存在。主张消闲文学的鸳鸯蝴蝶派，如果民众需要它，亦可以存在。两大流派中，有优秀的作家，也有堕落的作家。各有各写他的作品。

　　高先生在该文还摘录了1983年6月10日《大公报》副刊"集锦"刊载《张恨水旧事》末段：

　　　　张友鸾说起，有一个大文学家的母亲，喜欢读张恨水的著作，并且问过这个大文学家，你为什么不写张恨水那样的著作？这个大文学家笑笑说："他写他的，我写我的。"我碰到张友鸾的女儿张钰，我问她，那个大文学家是谁？她笑笑道："这个大文学家就是鲁迅。"

　　高先生说："鲁迅的母亲为什么问她的乖仔何以不写张恨水那样的著作，答案很简单，周老太太看不懂大文学家那些诘屈聱牙的字句，因为文字拗口，不容易读，也许陈义太过'高深'，太过深刻，非有文学修养的人看不懂罢。这件事我现在才知道，但远在四十五六年前，我听过一个故事，据说常在《语丝》写稿的川岛（其人名章廷谦，绍兴人，鲁迅的学生，一九八一年十二月才死，年在

李涵秋(左)和仆人

七十八九之间），有一次问太师母周老太太读过《呐喊》没有，周老太太答道：'读过一些了，不知它说的是什么，不如读《广陵潮》有趣，不忍释手。'"

大文豪的妈妈是旧时代的妇女，不大明白儿子写的《呐喊》，"不知它说的是什么"，反而喜欢读新文学家贬斥的"鸳派"小说《广陵潮》。这是高先生所说"鸳派"小说在民国初年"能深入民间，一般人易于接受"的社会实况。《广陵潮》是当年的畅销书，几年间再版二十多次。

60年代，高先生尝撰《李涵秋和他的小说》一文，对李涵秋和《广陵潮》的评价，相当中肯。他说：

> 到底李涵秋的小说在文学上的价值怎样呢？据我看来，除《广陵潮》较好外，其它都写得并不好，单是这部书，就可以使作者在中国小说史中占一个小小的地位了。《广陵潮》是一部数十万言的大著，李涵秋在世时，一集一集的跟着出版，全书未完，到他死后，由程瞻庐为他草草续成若干回便算了事……。《广陵潮》里面的人物很多，记得是写清末民初扬州一个

贡少芹、贡芹孙编著《李涵秋》

破落户少爷，和他的表妹淑仪相恋，但这个女子早已和一富家子订了婚的，后来那个富家子因革命而被枪毙，淑仪守寡，终未能与表兄成为眷属。这个故事是以悲剧收场的。李涵秋写此书时，颇能一气呵成，没些儿松懈，而故事曲折，引人入胜，又描写得十分深刻，使读者对于书中那两个男女主角起了很大的同情心，说它不是文学作品，似乎不很公允。

但高先生也不护短，指出此书的毛病："但全书的坏处就是因为要拉得长，所以处处都夹杂些无聊的描写，摭拾街巷趣事插入其中，因此这部书的文学价值不算很高，充其量只是流行的通俗小说中较好的一部罢了。"

高先生对《广陵潮》的推崇，除了是因为文字上的细腻干净，更重要的是思想上的共鸣。1906年符霖的《禽海石》、1912年苏曼殊的《断鸿零雁记》、1914年吴双热的《孽冤镜》、李涵秋的《广陵潮》，乃至巴金的《家》、《春》、《秋》等，都是写婚姻遭受礼教、门第、家族、金钱等势力阻挠而造成痴男怨女的不幸。所谓"未免有情，谁能遣此"，高先生自是"仆本恨人，心惊不已"了。

但有一更重要的原因，就是《广陵潮》是一部揭露封建礼教害人的通俗小说，把许多史事都如实写来，如书中反映辛亥革命、洪宪、张勋复辟、白话文运动等等当时的史事，展现咸同以来七十多年间的稗官野史、中下层社会

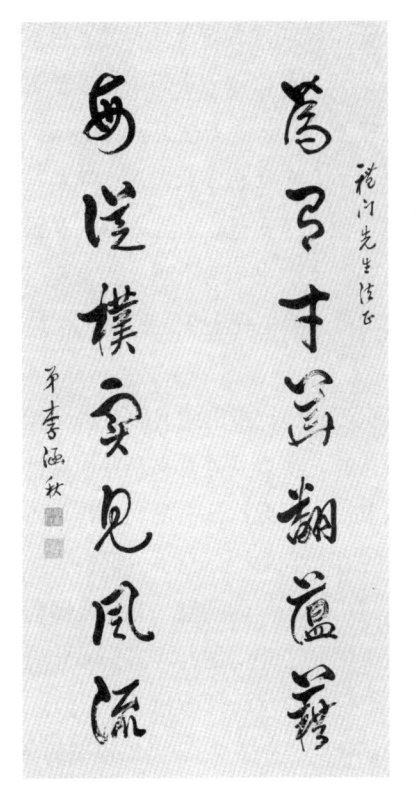

李涵秋行书七言联

李涵秋"江都李氏"
白文印

李涵秋"著书时代
之涵秋"朱文印

风情、闾巷习俗，那是一种当代的世情。正如张恨水1946年在《广陵潮》再版序中说："我们若肯研究三十年前的社会，在这里一定可以获得许多材料。"

而书中云家少爷云麟被诬告为革命党，伍家千金伍淑仪先嫁的姑母的儿子富玉鸾也是革命党，婚后不久富玉鸾被捕下狱死在南京，伍小姐想再嫁云公子又怕人闲话，寄情佛典，含恨而卒。书中所述的这些情节，与高先生喜前进，喜谈马列、共产的左倾情怀颇为相近。高先生也爱看《二十年目睹之怪现状》、《孽海花》、《官场现形记》、《廿载繁华梦》等揭露小说，论手法《广陵潮》似更尖刻了。

记忆中，高先生在看旧派小说时，常常为小说的人物作考证，对人物原型进行索隐，所撰文字大多收入1957年出版的《读小说札记》一书中，亦有散见于其他杂文的。

五四以后，鸳鸯蝴蝶派被围攻，被视为一个不光彩的名词。很多"鸳派"作家不敢承认自己是"鸳派"，甚至辩称自己只是"礼拜六派"。相对而论，当年高贞白在"欢乐小馆"说"言语欺凌，不必认真"，回想起来，又该令人钦佩。

琐记菉公晚年

赵龙江

老友谭其骧

　　我在拙作《生活中的菉公》一文中，写到了在与谢老闲聊时，曾经询问过他早年认识的一些作家、学人。老人家听到这些名字时，表现出与平日不一样的兴致，显然都是过去熟悉的师友。岁月流转，朋辈中人几乎都已故去，虽名字熟悉，但很多过往交流，他已很难回想起来了。用老人的话讲，是茶壶煮水饺——肚中有故事，却已经倒（道）不出来。他也曾后悔当年未能笔录下来，以致很多昔日的经历故实，以及交往细节荒落难忆，无法保留到今天，很是可惜。所幸有些人物往事谢老尚留有零碎印象，这些片段式记忆也大都保存在他晚年的回忆文字中。

　　与谢老交谈时，他曾反复提到过谭其骧（季龙）的名字，这也许是他们交谊始终不渝，彼此知己的缘故。谢老在晚年回忆文章《记大高殿和御史衙门》(《堪隐斋杂著》，山西古籍出版社1998年版) 一文中曾谈到，他为在北京图书馆阅览方便，当年与谭其骧同时租住位于御史衙门前的北京图书馆宿舍。谢老回忆道：

> 御史衙门在景山附近，靠近北海公园，门牌是陟山门大街三号，人们都称这里为御史衙门。从它的规模看，不像是座衙门，门口没有石狮摆设，只是一个大空场，边上有几间小平房卖烧饼油条。房屋高大宽敞，前后三进，廊子亦宽，又不似普通民房，总共不过十几间房。我揣测或者是巡城御史的落脚处，老百姓便说它是御史衙门。……三十年代这所称为御史衙门的房屋，划归北京图书馆作为宿舍。但是这座北京图书馆的宿舍，却没有一人住在这里，这里住的，全是学术界的单身汉，似乎是图书馆的招待所。
>
> 大约在一九三二年前后，我和谭其骧（季龙）为了到图书馆阅览图书方便，想住在附近，于是租住御史衙门前一排东西两间，中间是过道，季龙住西边一间，我住东边一间。屋高大，每间约二十多平米，每间房租每月四元。我们白天上课上班，晚上用功。那时我们刚毕业不久，都没有结婚，正是中青年时代，精力充沛，研究心强，白天常有人来，夜间清静，一般干到十二点。有时觉得困累，闲谈一会儿。季龙活

泼勇敢，到东安市场九龙斋买几串冰糖葫芦，吃了酸甜凉食以后，精神复振。因为东安市场吉祥戏园演戏，午夜始散，距离不远，来回坐车，不过半小时，出去透透气亦好。那时常找季龙的客人，有周一良、许宝骙等，找我的有赵万里、王重民等。我同季龙在御史衙门同住了一年多，后来大概季龙在城外教书搬走，我亦搬出另租民房。

谢老写这篇回忆文字，是在1996年初。而在更早些年的1982年6月，谭其骧曾写过一篇《值得怀念的三年图书馆生活》(《文献》第14辑，书目文献出版社1982年版)，在这篇回忆文中，作者同样也忆及这段往事：

> 1932年初，我结束了在燕京大学研究院的学习生活，走上了我第一个工作岗位——进"国立北平图书馆"当馆员。我的从伯父谭新嘉（志贤）先生是这个图书馆的开国元老，从民初京师图书馆时代起，一直担任着中文编目组组长的职务。由于他的推荐、请求，馆长袁同礼（守和）先生卖他的老面子，录用了我。我一进馆就把汇编馆藏方志目录这件工作交给了我。
>
> ……
>
> 我的编目进度之所以慢，工作比较仔细只是一部分原因，主要原因实由于我并没有把全部时间精力放

在此项工作上。这是因为我在进馆之初，即1932年初进馆后约个把星期，就开始在辅仁大学兼课；……后来又陆续在北大燕京二校也兼过课……特别是到1934年，我又协助我的老师顾颉刚先生创办"禹贡学会"，主编《禹贡》半月刊……1935年春节一过，我赶紧提出辞呈……

那时我还没有结婚，单身住在景山西门陟山门大街图书馆办的宿舍里，但住在这个宿舍里的却并不一定是馆里的职员，只要是文化界中人，通过介绍，都可以住进来。因而我在宿舍里又结识了女子文理学院教师谢兴尧（五知）、翻译工作者刘国平等几位朋友。我和馆里和宿舍里的同事和朋友除谈论学术外，还经常一起逛旧书铺，一起上小馆子，有时一起看京戏，确是我一生中最值得怀念的岁月。

两篇回忆文章都记述了当年他们无忧无虑的快乐时光，显然是难以忘却和值得怀念的。这应当是二人最初订交之始（笔者尚未见到二人其他更早交往的文字）。谢老在他晚年回忆文字中写道："回思过去朋友们在酒楼之欢聚，在御史衙门时之夜读，俨如梦寐……"之后两人同为东方文化事业委员会《续修四库全书》撰写提要，得以时常晤面。再后来两人各自有了小家，谢先生另处僦居。因谭其骧在城外的燕京大学兼课，交通不是太方便，进城时，谭其骧

上世纪30年代初，谢兴尧在
北平大学女子文理学院

有时宿于米市大街青年会，有时也借住谢家。谭其骧后来
的弟子、助手，复旦大学葛剑雄教授在他所著的《悠悠长
水·谭其骧前传》（华东师范大学出版社1997年版）中，记
录了谢老晚年的一段回忆，谢老曾对葛剑雄讲过：

> 一次谭其骧晚上进城，正值谢太太进产科医院生
> 孩子，谢兴尧就留他住宿，俩人躺着聊天。谈到半夜，
> 忽听敲门声，原来（谢）太太的产期未到，医院又让
> 她回来了，谭其骧只得另觅住处。好在大家都是熟人，
> 并不当一回事。

　　抗战前，谢兴尧到沪主编文史刊物《逸经》，为给朋友捧场，谭其骧用"禾子"名，作了长篇考证文《从董鄂妃谈到张宸》，连载于《逸经》第18期至第21期。抗战期间的1940年，谭其骧远赴西迁贵州的浙江大学任教，因校方建议他最好不要带家眷，况当时谭其骧一双儿女尚幼（儿子德睿四岁，女儿德玮刚满两岁），携眷同行也不大可能，谭先生便把妻儿委托谢先生等友人照料，谢谭友谊可见。抗战胜利后，谭其骧转任复旦大学教授，两人见面机会少了，但仍通过书信互通讯息，谭先生偶有来京机会，二人也能见面。据谢老回忆，1946年底，他为《新生报》主

谭其骧夫妇与子女，上世纪40年代中期摄于杭州

编《文史周刊》，作者除他本人，以及邓之诚、谢国桢、邓
嗣禹等之外，也有这位老友谭季龙。1955年2月至1957
年1月，谭其骧从上海复旦大学借调到北京科学院历史所
（1956年8月22日至10月11日回沪处理其他事情），主持
编绘历史地图，两人又得以重叙旧谊。从谭其骧这段时间
的"京华日记"中，也能看到谭、谢交往点滴，比如谭到
市场吉士林，参加揖唐（即谢兴尧，下同）邀宴；访揖唐
未值，与王淑云（谢兴尧妻）谈；揖唐来，取《食货》二
册；偕揖唐访刚主（谢国桢）于清华；下午五时至北海（公
园），伯玉率四孩，揖唐率二孩，余招待；候揖唐，同赴北
大邓（邓之诚）宅；偕揖唐至前门鲜鱼口吃饭，听大鼓而
归；八点半揖唐来，同至松竹园洗澡；遇揖唐，同至隆福
寺，逛人民市场；晚饭后偕国平探视揖唐病；约至揖唐处
午饭，饭后同至顾（顾颉刚）先生家，不值，即同游厂甸，
购书数册；早刚主、揖唐来，出发同赴北大，谒文如（邓
之诚）师；中午揖唐送吐番一文来嘱校；谢德华（谢兴尧
女儿）送来揖唐信（自重庆）……作书致揖唐……等记录。
谭其骧日记中，类似文字还有很多，仅日记中所提"揖唐"
或"谢揖唐"相关文字竟有八十几处，可谓交往频密，篇
幅所限，这里就不再转录了。这些文字多少能看到二人彼
此意气相投，情同手足。再看谢老晚年所写："犹记'文化
革命'中，我每月领生活费六十元，只够所发票据购买粮
油之需，某年年底，我与季龙信中称'岁云暮矣，天寒地

冻，煤米维艰'，季龙接信，寄来二十元，复信中云：'区
区仅表心意，乃私房钱所积，小金库无多也。'阅之感叹。"
当时谢先生正遭遇到命运中的寒冬，景况甚窘，老友救急，
无疑为谢先生带来淡淡暖意，从中也可看出两人交谊确实
不浅。师从谭其骧的葛剑雄先生，在他的《悠悠长水·谭
其骧前传》里，还曾透露出一段小插叙：

> 七十年代初，谢兴尧在人民日报社迟迟不得"解
> 放"，一次谭其骧与他见面时忽然出了个主意，说：
> "周一良现在是梁效的人，让他跟上面说说或许有办
> 法。"可是过了几天再见到谢时却垂头丧气，谢问是不
> 是周一良不愿意，谭其骧说连周一良的面都未见到，
> 因为梁效的驻地有军人站岗，不许通报（此事谭其骧生
> 前从未提及，日记中亦未见记载，但谢兴尧言之凿凿）。

"文革"后，两人都已渐入老境，尤其是谢老，自从与
继室分手后，独自一人的他，很多时候被生活琐事羁绊，
与昔日文友已很少联络，但在谢老日记中，偶尔还能看
到老友谭季龙的相关文字："闻谭其骧调京科学院地理历
史研究所所长，又闻中风，据顾颉刚云"（1978年2月16
日）；"接……及谭其骧从京西宾馆来函，决（定）星期四
去"（1981年7月27日）；"晚到京西宾馆看谭其骧，云李
永藩（谭其骧妻子）去年十月亦中风，由保姆侍候"（1981

年7月30日）；"下午到旧居，见谭其骧贺年片及《学报》"
（1986年3月14日）；"发谭季龙（即谭其骧）信"（1986年
3月15日）；"柯愈春送《书品》杂志来，有谭文"（笔者注：
即谭其骧在《书品》创刊号上撰文《读〈水窗春呓〉后》）
（1986年9月12日）；"给谭其骧寄《荣庆日记》一册"（1986
年10月13日）；"晚柯愈春来，将赴宁沪。写条与谭其骧，
托介绍顾廷龙"（1986年12月26日）等。1985年4月5日，
谭其骧的妻子李永藩在上海病逝，为不使老友孤独寂寞，谢
老写信给谭，劝慰之外，也建议寻觅一位得力保姆，以照顾
日常起居。因这时的谢老也遇到同样的难题，毕竟二人都已
到了需要他人照顾的年龄。查谢老日记，就在谭妻病逝后仅
一周，即这年（1985）4月12日，安徽人卫万珍首次来谢家
作佣。显然谢老已经意识到有人照顾的必要。年事已高，足
力疲弱，身体精力都会受到限制。谢老在文中回忆：

　　九十年代以后，季龙似少来京，每年年底，总寄
一贺年片来，并于片中书写数行，以代信函，1990年
所寄贺片，附语最长，略云："年初得华翰，疏懒搁置
为罪。年底欲觅一美观雅正贺年片，竟无一惬意者。
昨始购得此卡，虽无恭贺新禧字样，所用亦富于民族
色彩祝福语，远逾于不问受者是否基督徒，强以圣诞
快乐相加也。谨以此敬祝福如东海，寿比南山。今年
六月弟第二次中风，现在行动更不如前，惟肺气肿较

去年有所轻减，日惟翻阅报纸期刊，极少写作，所写不过零篇短札，既无论文可言，更谈不上专著。本埠会议，参加过几次，外地一概谢绝矣。《移民史》完全交由三位中青年撰写，弟不过偶然参加讨论耳。九〇年十月三十日。"全篇写满，毛笔字亦饱满潇洒，片中称尚能写文，参加活动，可见虽然中风，尚未躺下，力学一如既往。近年来未得季龙贺卡，极为悬念，屡去信询问，均未得复。最后去信，要求亲笔写几个字来，亦无音信，托沪上友人打听，只云有病，不言其他。

1992年8月中旬，系念中的谢老，嘱托儿子谢义华到上海探寻讯息，最终在医院见到了昏迷中的谭其骧。几天后的8月28日，谭其骧病逝，享年八十二岁。谢、谭两人友谊持续了六十年之久。

老友金性尧

听谢老讲，金性尧先生是他极为要好的沪上朋友之一。晚年谢老与我闲聊时，也常常提到他的名字，只可惜这时的谢老记忆衰退，已无法回忆起更多当年他们交往内容了。

金、谢两人乃多年老友，虽不能确认二人最初订交起始，但至少在上世纪40年代，二人均为上海沦陷时期著名的文史刊物《古今》的重要作者。有人曾经做过统计，谢、金均是《古今》中写作篇数最多的作者之一。据当年《古今》的另一位作者何挹彭在《聚书脞谈录》一文中讲，"其时谢君方为《古今》在北方约稿且代理发行事……"，而金先生则又是此刊物编者之一，两人相识也就理所应当了。稍后，是作为《古今》延续的《文史》，在由金性尧主编的这个刊物中，仍可见谢兴尧的文史随笔，可见两人已非泛泛之交。后来他们在各自文章中，不约而同地提及1950年在北京见面时的情形。看得出，两人都对这次面晤留有深刻印象。这次会面中，谢赠与金一件张大千绘画扇面、清宫腰牌，以及署名瞿鸿禨的绿头签，二人也都记忆清晰。此次金先生夫妇来京，还特意去八道湾，请知堂先生为这幅张大千画扇补字。另外借来京机会，金先生还见到另一老友徐一士，并由徐向导，游览了故宫。而上世纪50年代以后，因国内政治气候变化，作为旧知识分子，谢、金两人各自都感受到了压力，他们只能在难以推测的变局中谨慎低调，于是二人渐渐断了联系。也许正像扬之水在她的《〈读书〉十年》中所讲，为避免相互牵涉而暂断来往。一晃四十载，谢老居处已搬迁数次，以致二人音书久隔。及至1996年我与尧公结缘，越年，又通过魏绍昌先生与金老取得联系。随后，我将为谢老所摄近照邮沪，金老亦将两三年前留影寄我，由我转交谢老，从此二人又恢复联络，只是他们都已高龄，按金老话讲，"可惜大家都无法把晤"

（1998年10月10日致笔者），"惜两人皆入衰龄，关山难越，弥觉怅憾"（2000年10月12日致笔者）。

应我嘱托，前些时金文男老师（金性尧先生三女儿）代为寻出并复印谢老晚年致金性尧先生信札两通。第一封这样写道：

性尧兄：

多年未通音讯，然以同道，不时常在怀念关注之中。近年得读大著《伸脚录》、《不殇录》，对于兄考证文字精湛细致极为钦佩。常为友朋所称道，为读者所喜爱，乃自然之理，不负写作之辛勤矣。闻出版社近又将出大著，不远即可拜读，何快如之。弟生性疏懒，只求作一太平之民，能读书游优足矣。解放前在学校滥竽充数，每周不过四节课八小时，解放后每日上下班无多时间，文革后近二十年，坐享清福，因年老更为疏懒，闲居中有时亦东涂西抹，粗劣不值方家一笑。写作时禁区亦多，须绕道而行，此中情事当有同感。兄著作日富，身笔俱健，深为欣喜。值此新春，遥祝健康长寿。不尽欲言。

问黎庵兄好，健康。恕未另。

谢兴尧
1998年元月8日

谢兴尧 1998 年 1 月 8 日
致金性尧函

这是他们重新恢复联系之后所写，虽二人年事已高，难以见面，但仍未妨碍他们相互关注，彼此挂念。在"文革"劫难之后，金先生重新拾起抛荒多年的笔开始写作，除了选注《唐诗三百首》、《宋诗三百首》、《明诗三百首》外，还陆续写作并出版了《炉边诗话》、《清代笔祸录》、《闲坐说诗经》、《夜阑话韩柳》、《清代宫廷政变录》等。特别是在他八十岁以后，也许是感到创作时间无多，金先生的写作欲望愈加强烈，他又先后完成了《伸脚录》、《饮河录》、

《不殇录》、《一盏录》、《土中录》等，以至于老友谢兴尧在信中也发出了"兄著作日富，身笔俱健，深为欣喜"的感慨。谢老在这封信的末尾，也没忘记对当年另一位老友周黎庵（即周劭，当年《古今》刊物的编辑）先生的问候，朋友情谊愈老愈浓。

下面再看谢老的第二封信：

性尧兄：

你好。久不通信，时在忆中。近日看见《秀州书局简讯》，得知兄欲购拙著《堪隐斋杂著》，倘若有无，我当邮寄。因检出兄过去大函，重新拜读，不胜感叹。由兄前函，知我痴长兄十龄，岁月无情，徒增回忆。弟今年已九十二三岁，因手颤不能作书，有时稍好，待着笔时，又书不成字，怅恨之至，已四五年矣。去年一年尚好，今年时运不济，看来将归道山。今年自元宵后刚接兄信，即卧病不起，曾住医院，至五月底始能下地，至今不能下楼，只能在室内盘旋，故拙著未能校阅，错讹极多，在126页竟脱落一大段，真对不起读者。

兄来信称现独居生活，应有一得力女仆照料生活。弟系老人，深知老人生活之困难，非儿孙辈所能理解，非有一四五十岁之强壮妇女照顾不可，想兄一定注意及之。过去复旦谭季龙兄曾如此，病亟时，弟

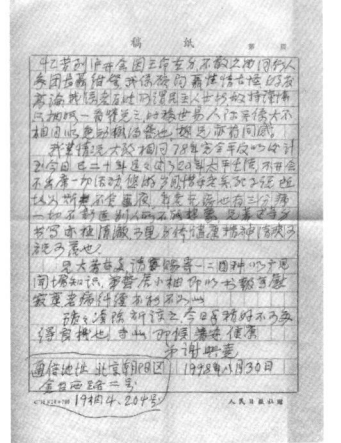

谢兴尧1998年8月30日致金性尧函

遗儿子赴沪看望，有一老妇相陪，非如此不足以照顾老人，儿女们各有工作，不能久侍床前也。

忆昔到沪开会，因王命在身，不敢久留，同行人多，团长聂绀弩，我系顾问。聂性情古怪，好发高论，我系老百姓，所谓民主人士者，故特谨慎，只抽暇一看瞿兄之。时移世易，人际关系大不相同，以免动辄得咎也，想兄亦有同感。

我辈情况大致相同，78年完全平反以后，计至今日已二十年，足足过了二十年太平生活，不开会，不出席一切活动，悠游岁月，惜乎老矣。孔子话：逝者如斯夫，不舍昼夜。年老无病也有三分病，一切不舒适别人所不能想象。兄著述等身，书写亦极清澈，可见身体健康，精神清爽，可祝可羡也。

兄大著甚多，请赐寄一二种，以广见闻增知识。弟蛰居小楼，即以书报等慰寂寞，老病纠缠，不能不如此。

琐琐渎陈，祈谅之。今日手稍好，不可多得良机也。专此即候著安，健康。

弟谢兴尧
1998 年 8 月 30 日

谢老原本身子骨不很硬朗，晚年的体质更加赢弱。他的这封信很长，足足写满两整页纸，可见他对老友有很多话要说。据我所知，他自 80 年代初开始便已找人代抄文稿，而九十岁以后仍能给老友写这样的长信，除了敬佩，也能感受到他对友谊的看重。当年我登门谢府或电话问候，谢老常嘱托写信时代他向金性尧先生问候。老友情谊确实难以忘怀。谢老毕竟已是高龄，不要说写字困难，平日读书看报亦不能久，即使"有时稍好，待着笔时，又书不成字，怅恨之至"，加上时常受到病困，以致发出"拙著未能校阅，错讹极多，在 126 页竟脱落一大段，真对不起读者"的感叹。

信中言及保姆问题，在谢老实有切身感受。在 80 年

代，他便开始为保姆事频频托人代寻，他自己也去过相关
服务站，了解保姆市场情形，因保姆待遇及其他条件限
制，多未能实现。其间，也因子女不在北京，身边无人日
常照料，给他生活带来诸多不便，甚至也曾出现过一些不
测和麻烦，比如"被车撞倒"（1983年8月18日）、"楼下
无灯，归时摔跤"（1987年2月8日）、"小张骑车，撞伤手
臂"（1987年9月28日），以及"中煤毒"、"发高烧"等。
在他过去试用或接触的保姆中，有些似乎还算理想，但一
段时间后，佣人以他故辞工离去，更多的是双方都难满意，
个别者则主佣倒置，使老人徒增心烦。大约在1990年前
后，保姆汪婶来到谢家，才使谢老生活得以安定下来。汪
婶当年五十岁上下，苏北人，家务、厨事均内行，干活也
利落。谢老临终前曾写下遗嘱，欲将房屋赠与汪婶，虽最
终未能实现，但能看出，谢老对她的能力还是认可的。

此外，谢老这封信提到的另一事，即当年到沪开会，
其间看望旧日熟人瞿兑之先生。谢老所讲，应该是指1952
年秋至1953年春，由聂绀弩（时任人民文学出版社副总编
辑兼古典部主任，1952年中央文化部施耐庵身世调查团团
长）、谢兴尧、徐放（1952年中央文化部施耐庵身世调查团
团员，党支部书记。新中国成立之初，系人民日报社《星
期文艺》、《人民文艺》副刊专版及文教编辑。1955年因所
谓"胡风反革命集团"案蒙冤入狱。1980年平反后历任《人
民日报》文艺组编辑、群工部副主任）、钱锋（1952年中央

文化部施耐庵身世调查团团员，时为《中国青年报》文艺组编辑，中央文学研究所第一期学员）等人组成的中央文化部调查团奉命南下，第一次关于施耐庵身世的调查。据谢老在《梁山泊的水与施耐庵》（载于《堪隐斋杂著》）一文中讲，当时是"住于扬州，往来兴化、高邮、宝应、盐城等处"。据说这次"调查的成果是显而易见、厚重而丰硕的，绝非是胡乔木所说的'风影之谈'。由于聂绀弩当年违心地听命于胡乔木，胡乔木的不适当行政干预，使1952年施耐庵身世调查成果未得彰显"（莫其康《1952年、1982年施耐庵身世调查成果的检阅与思考》）。也就在这段时间，谢老借去上海机会，匆匆看望了瞿兑之。瞿是当年谢先生主编《逸经》时的作者，同样谢先生也为瞿兑之主编的《中和》月刊写稿。二人见面时所谈内容不详，也未见他们专文述及，我想既然"王命在身，不敢久留"，二人见面后，无非忆昔日交往，并各道离惊，简短交谈而已。谢老在他的《独居忆旧》（刊于1990年6月16日《团结报》）一文中，也谈到这次沪上之行："一九五二年，我奉命同聂绀弩到南方，调查《水浒传》作者施耐庵的史料和遗址，因公务在身，未能拜访昔日好友，深为遗憾……"由此看来，自1950年夏金性尧来京后，谢、金二人有可能就再未见面。

在这封信中，还提到了"我辈情况大致相同，78年完全平反以后，计至今日已二十年，足足过了二十年太平生活，不开会，不出席一切活动，悠游岁月，惜乎老矣"。

谢老所言，大致应是实情，只是小有出入。据他的日记记载，1978年"改正"以后的最初一段时间，他还是接受了三次会议邀请：1978年8月22日到中国人民大学，参加了太平天国史研讨会；1979年5月25日至6月3日在南京，参加太平天国会议；1980年10月10日至11月9日赴西安，在西北大学讲学。实际上1980年4月15日，报社政治部送回他的交代材料，从这以后，他只是去西安西北大学讲学，再往后，先生就未参加过任何会议活动。查看他日记："发广州学术讨论会信，不去"（1981年1月31日）；"刘世凯来，转王庆成意，问是否想到四川开会，看大渡河。托婉谢"（1981年7月7日）；"民族学院郭毅生送请柬来，约明日在人大开会，辞之"（1981年11月19日）；"郭毅生来约开年会事，辞之"（1982年4月17日）；"南京来三人，太平（天国历史）博物馆馆长陈大荣、研究院许，南京市委送请柬来，约赴南京，以老辞谢"（1983年3月3日）；"发邓珂信，说明本月5日系文如师百年诞辰，同人在北大开纪念会，寄来请柬。函辞之"（1987年12月3日）等等。

在金先生给我的来信中，也时有询问谢老情况的内容，并嘱代为问候，可见在他们晚年中，老友还仍是相互惦念。2006年5月15日，我给金先生写了一封信，并附上《北京文史》一篇文章复印件，内容涉及金先生及"新南剧社"，信的末尾，我照例代谢老向他问候。通常金先生接到来信会即刻回复，可是多日后，仍未见回音。后来我才知道，金先生那段时间身体状况极其不好，因心脏病、慢肺阻多次住院。

就在我写给金先生这封信一个月之后，2006年6月23日，谢老因心肺衰竭，在武警北京总医院去世。一年后的2007年7月15日，金老先生也因肺部感染，在上海瑞金医院病逝。

两位老友先后逝去，他们终于可以在天国重逢了。

掌故家张次溪晚年侧影（上）

宋希於

掌故家东莞张次溪（江裁）先生（1909-1968）久居京中，遂以北京史地、民俗、市井和戏剧研究名世。他眼界广，笔头勤，擅长搜罗，不避细琐，著述、编纂成果甚夥——读过白石老人晚年自述的人，或许会对这位笔录者的名字留下一点儿印象；而治京剧史者，则定会感念他编纂的《清代燕都梨园史料》内容之丰赡；至于地方史地、民俗研究者及爱好者，也必然受益于他整理付梓各类丛书时所下的"水磨工夫"良多。遗憾的是，在为文化事业留下卓著贡献的同时，张次溪自己的生平事迹却湮没难彰，这或许与沦陷时期他的那段幽暗经历有关。平日闲览时，我曾随手记下有关张次溪后半生活动的材料，这里谨呈现一些片断，试为这位晚年寂寞的掌故家留下侧影。

"雄心皆消除"

　　张次溪善于交游，与各领域的学者和社会人士都有接触，因而在从事写作、编纂和研究工作时，常能得到友人的不吝相助。在他的朋友中，近年来偶然被提起的一位，是天津的雨花石收藏家王猩酋。王猩酋（1876-1948）名文桂，直隶武清（今天津武清）人。其人能诗文，久住津西王庆坨，居家设塾教学，而竟以收藏雨花石知名。王猩酋逝世后，张次溪曾撰写《与王猩酋先生石交记》（收入胡庚辰辑、王猩酋著《雨花石子记》，中国文联出版社2005年版）追念二人的忘年友谊，这篇文章谈到了一点抗战前后的情况，对了解那时的张次溪有些用处。

　　张次溪在文中说，七七事变之前，他在友人容庚所编的燕京大学考古学社《考古》社刊上看到王猩酋的文章《猩酋野况》，觉得写得不错，留下了初步印象（按此文载于该刊第4期，燕京大学考古学社1936年6月出版）。七七事变爆发后，岳父徐蔚如病逝于天津（张次溪娶其次女徐肇琼），张次溪前去奔丧，即在天津小住，其时行囊中只有《考古》社刊，常取《猩酋野况》消遣，遂与王猩酋通起信来，就此订交。

　　王庆坨离天津本来不远，但是战事已起，往来不便，二人未能会面。张次溪接着写道："翌年秋，余返平，已而游蚌埠，南至金陵，先生寓书谓：'无他求，请为觅雨花石子。'"王猩酉并以所撰《雨花石子记》见示，使张次溪得以按图索骥，丁是"自是三年"间，他时常赴秦淮河畔为王猩酉寻觅石子，真是闲情不浅。将这段记载证以王猩酉《雨花石子记》自序所言"己卯庚辰，东莞张次溪客金陵，余倩其觅秦淮"，再证以"中国史迹风土丛书"本《雨花石子记》张次溪所作后记中所述的"民国二十八年之春，余承安徽教育厅之命，视学皖南，道经金陵，小住十日"，可知1939年（己卯）、1940年（庚辰）时张次溪已在南京，而南下的缘由也显豁了。

之后的事情，时过境迁的张次溪没有再提及。曾任汪伪政权行政督察专员、伪淮海省教育厅长这样的重要经历似乎从未存在，叙事一下就跳到了1946年："三十五年春，余北归，过津小住，先生虑余在津寂寞，为介盛云涛、刘子恒来访，盛，刘先生弟子，又皆忠谨人也。"通过这两位弟子的帮助，张次溪终于见到了一直未能谋面的王猩酉，相与述说倾慕之情，又聊了许多。张次溪记述这次畅谈有云：

> 余叠经忧患，而壮志不磨，尝欲以一身任天下之重，先生为叹息久之，因曰："世乱如斯，非一二人所能为力也。"余盛气自豪，不以先生之语为然，先生则曰："徒自苦耳。"往复辩难，至中夜不已。

闲情不浅的张次溪竟有"欲以一身任天下之重"的抱

负，这点甚少为人提及。另一位友人赵羡渔（铭箴）1934年作《双肇楼丛书题词三十二首》时曾甚称赞青年张次溪的任侠之气，有"江湖明月闪晴空，侠气飞腾剑吐虹"（小注云"君喜任侠，尝慨然有少陵广厦之志，虽自恨力绌，而所惠已多"）、"风高龙马焕精神，慷爽瀛寰有几人"（小注云"君精力过人，尤谙世故"）、"风雨长天撑住好，满身侠骨凤城西"（小注云"君侠骨天成，草木衔感"）之类的句子。随着时间的流逝和能力的增长，"少陵广厦"式的少年壮志是很可能演变为"欲以一身任天下之重"的政治抱负的。遗憾的是，对张次溪来说，或许正是家国抱负成了他在政治上不幸走入歧途的诱因。

这是张次溪与王猩酋所见的唯一一面。可这时的他显然还不觉得自己曾碰破额头，依然"壮志不灭"、"盛气自豪"。这年冬天，张次溪的父亲张伯桢（篁溪）故去，王猩酋曾来信慰问，"又以诸葛武侯遭祁山之变，悔不当初为诫，譬喻万千"。次年冬天张次溪仍在北平，王猩酋还曾派两个孙儿前来，请他为代谋生计。

张次溪抄录王猩酋在世最后一年的来信最多，悲悼之情溢于言表。从来信中，看得出王猩酋了解自己病况渐沉，但早看破生死，往往回过头来安慰张次溪，有时甚至举佛譬喻，似有棒喝意味。去世前两个多月，王猩酋曾来一信为张次溪剖析其时境况，最值得玩味。张次溪如是追述这封信：

四月二十四日，先生又与余一书，谓："张垣五月披裘，与蒙古为邻，兄雄心皆消除，我早已知世界如此，我前屡说败兴话，兄当不悦，今何如乎。佛有一切皆空，确是实理，我辈无可奈何，可以自解，倒是消遣法。"盖先生以余一向抱负至宏，不克实现，必有无穷烦恼，用是相慰也。

王猩酋即逝世于1948年旧历七月初三，张次溪文章的落款，则署"中华民国三十七年十一月十四夕，张仲锐挥泪书于张垣之东坡寄庐"（按张次溪原名涵锐，又名仲锐）。看得出，1948年初张次溪已离开北平，前往张垣（今张家口），终于"雄心皆消除"。当年闲情未能减壮志的他，抗战胜利后仍然"盛气自豪"，如今却终于消磨了雄心，想来定是遭遇了大变故。这回究竟跌了什么跟头，因为史料阙如，我们暂时不能了解，但此中有为王猩酋不幸料中之事则可肯定。张次溪沉痛地追述着亡友的苦口良言，显然这时他才触动颇深。

"东坡寄庐"，难道是取"江海寄余生"之意？"雄心皆消除"，这只是个开头而已。

"以免人家以为你有择肥而噬的资产阶级思想"

容庚（希白）与张次溪既是同乡，亦属老友。拍场、市肆中历年所见的他写给张次溪的信札数量不少。《容庚杂著集》（曾宪通编，中西书局2014年版）中也收入了容庚写给张次溪的两通信札，体现了他对张次溪的关心，也可一窥张在新中国成立初期的一些情况。今即以这两封信为例，稍作解说。先录下全文：

一

次溪兄：

收条及信收到。上星期我写信给杜老，关于你的事情今日下午在科学馆开会，他告诉我说他到从化休养了一个月，现在"三反"，你的事不便进行，迟早总有办法。你可放心，他当面也曾答应过你的。专此奉闻。并颂

俪安

希　六月十七晚

此信不要保留。

我近来很忙，作文事慢一步再谈。

二

次溪兄：

五月八日及六月七日来函今日始到，不知何故延阁至此。弟于四月十日参加广东文教技术参观团，往杭州、上海、南京、徐州、郑州、武汉六大城市参观，

至五月十二日归来。月中曾寄上一函，六月初曾寄杜老一函，催问关于兄事如何解决。六月九日科学馆开会，杜老当面答复我说，他自北京归来即往从化休假一个月，现在"三反"时期，兄事尚需少缓，嘱我通知你。他对兄事是关心的，但有时急也急不来。即日我就发出航空信给你，不知何以又付之浮沉。中共既然托你作编辑工作，虽是一年，你又何妨声明，如有长期工作，你是改就长期的。或者先就短期的，如这边事情成功，推迟一年就业也未尝不可以，以免人家以为你有择肥而噬的资产阶级思想。中共编译局的事未【本】来是可以就的，如干得好，未尝不可以继续下去。同是国家的事情，彼此原无分别，杜老也不会怪你。你的托词总不会得体的，庚事更不会有。但你也处理不好，少亲近一些，酌量帮忙，何至谢绝，这样伤感情，令人不满。就是编译局也大可以批评你，你究竟想作的是什么。就是此间能用你，也要向师大人事处要资料，说不定资料袋里有多少不对的地方。推却编译局总是一个失着。我以为你应当到编译局表示愿就这个工作，作好就断不会作完不要你。杜老也断不会怪你。凡事要从整个国家着想，不要只顾私人的感情。此颂

俪安

弟　容庚上　六月廿七日

宝古寄来三次画，都买了一些，有一次很满意。
见到李孟冬请他仔细选择，然后寄来。

《容庚杂著集》编者将这长短两札的标题写作《致次溪
书》，仿佛不知次溪姓张，又将长札置于短札之前。而细看
两札内容，所写实为一事，虽然稍有日期误记（据短札来
看"杜老当面答复"当是6月17日事，而十日后写去的长
札却已误记为6月9日），但长札中提到的"不知何以又付
之浮沉"的航空信应该就是指短札了。今为便解说，移置
如上，并根据《容庚法书集》（广东省人民政府文史研究馆、
广东省东莞市人民政府编，中华书局2007年版）中的两札
影本校改了一处误字。

两札都提到"现在'三反'"。"三反"运动从1951年
年底持续到1952年下半年，则这两封信应写于1952年的6
月。信中提到的"杜老"，当指杜国庠，他长期在广东文教
界担任重要职务，时任广东省文教厅厅长。

张次溪的来信今尚未得见，但从容庚的回信中，还是
能稍稍揣想出事情的情况。从"如这边事情成功"、"就是
此间能用你"的话倒推，显然张次溪当时正请容庚、杜国
庠帮他在广东谋职，而当时摆在他面前的选择显然不止这
一个，另一个选择就是"中共"所托的"编辑工作"了（也
即"中共编译局的事"）。张次溪请广东友人谋职在先，编
译局找他做事在后，而他倾向回广东工作，或许正嫌"中

共编译局"派给的只是短期工作,遂找托词婉拒了。找的托词,大概也就是担心杜国庠、容庚怪罪的话。

有关资料曾提及,1957年后张次溪在家养病期间,曾为马恩列斯编译局编辑《李大钊传》做了许多工作(《著作等身的史学家张次溪》,收入张磊编著《东莞奇人录》,香港中华文化出版社1994年版)。而容庚对于一些专有名词是弄不清楚的(最出名的一件事是他分不清共产党的"党委宣传部"和国民党的"党部"有什么区别),他笔下的"中共编译局"可能即指当时的中共中央俄文编译局(也即中共中央马恩列斯著作编译局的前身)。因为此前一年的8月,宣文书店刚刚出版了张次溪的新著《李大钊先生传(初稿本)》,或许编译局正以此为契机,请他进一步做李大钊史料的搜集工作。另外,张次溪后来还曾参加中国近代史资料丛刊《辛亥革命》(全八册,上海人民出版社1957年版)的编辑工作,而此书叙言说:"我们接受中国史学会的委托,编辑辛亥革命的资料,开始在一九五一年。"大致也是同一时段。"中共编译局"会不会只是泛指中共旗下的编辑机构,也很难说。证据不足,均录此备考。

显然这时的张次溪在各种去向之间仍举棋不定。他是成名已久的学者,这时却只能在大学历史系做资料员,希望有份长期稳定的研究工作是情理之中的。他以旧文人身份作"新书",曾招致许多人的批评(1951年6月出版的《新建设》第5卷第3期上曾发表隋树森的文章《评〈李大钊先生传〉》,《光明日报》1951年10月22日曾发表扬子的文章《一本歪曲革命先烈的坏书 ——略评〈李大钊先生传〉》,均对他的新著提出强烈批评),离开北京或许也可以远离纷扰。只是"雄心已消除",积习却尚在,在处理各方面的关系时,他大概旧文人习气依然,有时或许一口回绝别人,"伤感情"而又"令人不满"。总而言之,这位还不懂得"夹着尾巴做人"的旧知识分子,还没能完全适应新社会的运作方式。容庚批评张次溪的话也真是严厉,虽说张次溪未必有"择肥而噬"的思想,但从后来的历史发展来看,若他真做了"伤感情"的事情,倒也真有可能装进北师大人事处的"资料袋"里。老友的批评防患于未然,亦是语重心长。

现在我们知道,张次溪终于没有回广东工作。他在北京师范大学历史系资料室又工作了几年,至1957年脑溢血后方回家休养。《顾颉刚日记》1959年7月12日曾记:"又闻希白言,张次溪为白寿彝所裁,生活大成问题。"白寿彝时任北师大历史系主任,可见张次溪在那时或许是因病被解雇了。

但后来容庚和杜国庠还一直关心着张次溪的处境。有关资料又曾记载,1959年后,容庚曾向王冶秋推荐张次溪为广东省博物馆、北京市文管处撰写广东和北京地方史多种(《著作等身的史学家张次溪》)。还有报道称,杜国庠后来在中国科学院广州分院任职时,仍想设法把张次溪调回广东工作，可惜碍于张次溪曾任伪职的历史问题而未成，但杜国庠委派部属每月给张次溪邮寄二百多元的生活费以补贴家用，至1961年杜国庠病逝后，这笔生活费也就停发了（见《偏爱街巷觅新句，却向人间留佳辞》，载《南方都市报》2008年5月28日）。

张次溪与鲁迅《嵇康集考》手稿

我曾听藏书家赵国忠先生谈到一桩关于张次溪的轶事："听一位与张次溪多有交往的中国书店老店员讲，张次溪手上保留着鲁迅手稿，北京师范大学动员其捐献，他不肯，提出需付费，且要价不低，故在学校颇受排挤，郁郁不得志。记得琉璃厂遗产书店开张的时候，有一个柜子摆满了张次溪的收藏，只供展览不外售。那些鲁迅手稿是否归了那儿，也未可知。"这段轶事很是有趣，不禁激发了我的"考据癖"，结果很快就查清楚了，还真有一件鲁迅手稿与张次溪有关，而事情的经过不难厘清。

《历史研究》1954年第2期（1954年5月出版）曾发表鲁迅的手稿《嵇康集考》，后面还附上了一篇文章，对手稿的发现经过和内容作简要介绍。文章不长，引录如下：

关于鲁迅先生手稿《嵇康集考》
最近中央革命博物馆筹备处购得了鲁迅先生手稿

《嵇康集考》。此稿在《鲁迅全集》中未刊载，《全集补遗》亦未著录。稿为洋纸横书，纸边有"泱泱社"字样，系一九二六年十一月十四日写成，经请许广平先生及其他友人审视，认为确系鲁迅先生手书，推测当系在厦门大学任教时所写。

许寿裳先生的《亡友鲁迅印象记》中说到鲁迅先生自"民二以后，我常见鲁迅伏案校书，单是一部《嵇康集》不知校过多少遍，参照诸本，不厌精详，所以或为校勘最善之书。……并作《逸文考》、《著录考》各一卷附于末尾，便可窥见他的工夫的邃密"。这篇《嵇康集考》，写于《逸文考》、《著录考》之后，此稿前一节"考卷数及名称"与《著录考》大同小异，互有详略；其第二节"考目录及阙失"，第三节"考逸文然否"则为《著录考》所无。不知鲁迅先生是否为《嵇康集》而写，还是为其他杂志而写，只好留待考证了。

这稿子约在去年秋季在北京发现。当时一位朋友告诉我，后门书摊某人说，在拍卖的一批书中，夹有稿子，看来像是鲁迅先生的手迹，后为别人"拍"去。我当时托他追询。过些时他来说，此稿为琉璃厂一位书商购得。后来辗转几次才到了革命博物馆筹备处。

兹商得革命博物馆筹备处同意，在《历史研究》上发表鲁迅先生的这篇可贵的遗著。

汪　和　一九五四年三月

后来很快有人对上文所述作了补正，指出泱泱社系厦门大学学生所组织的文艺研究团体，鲁迅此文是为《厦大国学季刊》所写等等（见陈梦韶《关于鲁迅遗著〈嵇康集考〉》，载《历史研究》1955年第3期，1955年6月出版）。但关于手稿的具体发现经过，要等到三十多年之后，《鲁迅研究动态》1989年第4期发表徐文玉的文章《〈《嵇康集》考〉发现记》，才被详细地披露。

徐文玉当年是位书贩子，他的书摊小有名气。曾有人回忆道："北城地安门大街义溜胡同口外有徐文玉书摊。徐为北京人，极精明，公私合营后并入西单商场。"（石继昌《北京书摊话旧》，载《燕都》1987年第4期）徐文玉自己则说："我家住什刹海后门桥附近，解放前和解放初期从事个体旧书收售业，经常到各处市场浏览和收购有关书籍，与琉璃厂的书商常有业务往来。"

徐文玉言，1953年秋天，他与同行四人从德胜门晓市一个"打小鼓儿的"（当年打着小鼓走街串巷收购物资废品的小贩）手里买下了两筐书，翻检中发现旧书里夹着一叠署名鲁迅的《嵇康集考》毛笔手写稿，当时以为是抄件，没有在意，即将全部书籍和手稿"拍给"（一本不剩地全部卖给）琉璃厂松筠阁书商刘广震（按当作刘广振）。后来他看到刊刻的鲁迅手迹，觉得字迹与卖出的手写稿相仿，才想到可能会是真迹，后悔不迭。恰好民俗学家常惠此时来访，他便将这事相告。常惠听了很重视，马上报告了王冶秋，王冶秋要求他追询此事。

常惠先是找到了刘书商，得知他已以一元人民币的价格将该手稿转卖给了张次溪。关于接下来与张次溪的交涉，徐文玉写道：

> 常惠找到了张次溪。张已经将四页《嵇康集考》手稿用宣纸托过，显得平整厚实，并声称是他的家藏。常惠很仔细严谨，为了核对是否原物，还邀了我和同行验看辨认。我们一致证明是原件，并非张家的家藏，只是张从刘处购得后在手稿后托了一层宣纸而已。经我们认证无误之后，常惠又和张次溪洽谈价格，最后征得王冶秋同意，由中央革命博物馆筹备处以200元人民币从张次溪处购得……

至此《嵇康集考》手稿终于归了公家收藏。徐文玉还说，写介绍文章的"汪和"就是王冶秋本人，而"辗转几次"指的就是与张次溪反复洽谈高价购得手稿了。当时使用的还是第一套人民币，则这里的一元和二百元可能是一万元和二百万元的误记。在徐文玉的笔下，张次溪低买高售，又声称是自己的家藏，形象实在有点不那么正面。文章里没有记载北京师范大学在这件事上做出了什么反应，但张次溪的行为迹近"投机倒把"，当然是会得罪人的。关于手稿收归公藏的经过，已证明传说并非空穴来风。

徐文玉后来还曾向"打小鼓儿的"询问两筐旧书的来历,那人回答说,是从八道湾周作人家买来的。因此他就有点儿疑惑:这份手稿明明写于周氏兄弟失和之后,是怎么辗转到周作人手里的呢?

关于这个问题,我试检《周作人年谱》(张菊香、张铁荣编著,天津人民出版社2000年版),发现1953年8月13日曾记:"张次溪来访,带来鲁迅的《〈嵇康集〉考》手稿及原文。"止庵先生近又见示这一天的周作人日记原文,实作:"次溪来访,出《嵇康集考》原稿见示,系鲁迅手稿,原文亦未前见。"可见张次溪购得手稿后曾找周作人鉴定,而周作人"亦未前见",那么手稿应该不是八道湾流出来的了。

话说回来,当时的卖家把文物转让给国家,多数是亏本卖出,实属不得已而为之。而张次溪竟然"虎口夺食",赚了公家的钱,堪称特例,厉害厉害。另外,徐文玉是人称"极精明"的书贩,刘广振乃是琉璃厂经眼无数的"杂志大王"(赵国忠先生从中国书店听到的传说,或许最早还是从他老人家那里传出来的呢),张次溪竟然能从他们两人手下捡到"漏",也真令人佩服。

艺林烟火录（三）

唐吟方

蒋碧微藏画

1945年末蒋碧微与徐悲鸿离婚，获得悲鸿作品百幅，另有部分近现代书画名家作品。傅狷夫捐赠浙江美术馆近现代美术文献中，有一页"蒋碧微收藏近现代名人画展目录"，其中以任伯年、齐白石、徐悲鸿作品最多。悲鸿推重伯年画艺，历年所见伯年画，或以己作或出金力收之，庋藏极富。蒋碧微藏伯年作品山水人物花鸟齐全。白石画多是花鸟鱼虫。览蒋碧微所藏书画，实悲鸿趣尚流溢。悲鸿作品以画马为多。蒋碧微标悲鸿画马题目，殊别致，如《背影》、《回顾》等，命名存文学意味，感情色彩极浓。

吴小如论临摹

世人知欧阳中石工书，师事吴玉如，实则最初从学吴小如。

吴小如是学人中善书者，一生勤于临池，书风酷似乃父，世以"大小吴"称之。其于书法，常有精论。若跋《临明文徵明书〈赤壁赋〉》卷："临摹古人书，有三不可：浑不似古人，一不可也；无临摹者己之风貌，二不可也；所临摹之书，不能去粗取精，并古人之病痛亦一一仿而肖之，三不可也。己之所书，不能无病，以己书之病益以古人之病而不自知，反以为己书已超越古人，于是书道绝矣。"吴论概而言之，不可无我，不可无古人，又能分辨古人优劣，具取精去粗能力，其意恰似"不似欺人，太似媚俗，妙在似与不似之间"，以此论衡古今书家，达标者寥寥无几。

通人不谙韵语

沙孟海为文高迈，雅有六朝人襟度。题跋文字尤佳，落笔下语磊落肯綮，文成不能易一字，独憾不谙韵语。晚年以书法盛名海内，各种应酬不绝，皆以语体应之。偶有点明求韵语者，勉力为之，常有小疵，或平仄不调或出韵。人皆不信沙老不谙韵语，尊之者率以年高不耐推求为辞。

梁漱溟亦不善此道。曾有托名梁氏批郭沫若七律二首，传诵一时。有人致函梁氏问其故。梁复函表示："我一生至今天，从来不会做诗词韵语，此诗当然不是我作的。"

吴人喝绿茶

已故苏州画家蒋风白泡碧螺春喜投数片龙井，人问其故，则曰："虽则同为绿茶，产地不一，香氛亦不同，两两相合，求其茶味醇香更绵长。"吴人喝绿茶名堂最多，闻有新茶旧茗混搭者，又有不同品种合泡者，凡此种种不一而足。吴人味觉偏细腻清淡，不尚刺激，喝茶口味本色，然清腴中亦别存怀抱。绿茶喝法，可知吴人茶道非仅以清淡为上，亦求韵致。

水赉佑整理宋四家书法史料

水赉佑从上世纪80年代初致力宋四家书法史料的整理，数十年矻矻于此，先后成蔡襄、黄庭坚、米芾书法史料集。自蔡襄集始，每出一集，便请同学茅子良镌姓名章，钤盖新书。迨苏轼书法史料集成，水、茅两人皆逾古稀之年。茅亦上海出版界名手，患白内障后，已多年不奏刀，闻水编宋四家书法史料集告竣，依前约刊姓名印一方相贺。

人美社书画家

新中国成立初期，人民美术出版社配合形势之宣传，任务繁重，乃广事延揽，各种艺术人才纷纷纳入社中，其中有前清落魄秀才、民国大学教员及各种自由艺术家。合作方式亦多种多样，有纯为卖稿或收稿关系者，亦有计件创作取润笔者，还有吸收为正式员工者，长期专注于某类创作。可以"短工"、"长工"喻之。据闻，进进出出先后有数百人之多。今艺术市场兴盛，出场艺术家须有社会身份，人美社为新中国最有影响的美术出版社，凡与其有关系的艺术家，皆表之。前见拍市有董立言者小楷扇面，简介直书"曾为人美社连环画书写员"。盖早期连环画，所配文字皆由工楷书者写出。我以其人询诸人美社总编林阳，彼答："许多人物人美社史亦不载，社史只记少数知名人物，若得详情，现在只有访问人美社健在的老人。"林阳有感于斯，近年肆力于人美社史人物梳理，已出社史人物编二册，正着手出版三编。

古文字专业学生多娴于书

从前中华书局出古文字学者论文集，都请书法家用正楷誊写，盖论文中经常出现古文字，不易排出。于省吾当年出文集，曾请辽宁当地名书家冯月庵为抄胥，冯一听数字多，工程浩繁，以目力不佳，书写速度太慢，恐影响出版周期谢辞。于省吾转请学生林沄承担抄写任务。大凡古文字专业出身的学生，老师要求他们抄说文部首，还有学生抄写整部说文，借此熟悉字形兼记字义，有此基础，书法通常优于其他专业学生。川大、吉大、中大三校古文字专业学者，字皆不恶。

辽博收马一浮书作而不得

辽宁博物馆素重当代名人字画收藏，如老一辈政治家墨迹系列、当代篆刻名家治印系列等等，更早则入藏大量白石字画，开国内公立博物馆收藏今人作品先声。

"文革"后期，辽博欲收马一浮字，通过沙孟海关系，找到二位藏家，协商未洽。时马一浮已谢世，其名虽隆，公家收购价偏低，藏马氏墨迹者大多珍同球璧，不肯轻易脱手。后转请杭州书画社设法。据沙老言，马一浮墨迹浙江博物馆亦无收藏。

辽博收藏健在的名家字画亦区别对待。1985年董寿平以私人名义邀请日本友人一行数人来华访问，费用由董个人承担。事前，董绘丈二匹松梅及红梅各一张，冀辽博收藏，以换取捐赠款接待外宾，因故未成。又，王蘧常夫人谢世，家中急需用钱，经弟子接洽，辽博收王蘧常巨幅墨迹，王家得收藏款，顺利办妥丧事。此与今日博物馆遇名人即收风气相比，当时博物馆把关似有过严之嫌。

《兰亭》论辩参与者李长路

李长路曾参与中国书协筹建，亦豫《兰亭》论辩，为拥郭派主力之一。晚年观点有所松动，与杨仁恺书云："东晋有真楷或接近真楷书，与旧时出土遗存为据，我暂不涉及。郭说《兰亭序帖》出自智永，我从未同意过。"当时有"三周"同一论调，皆反对郭沫若之说。三周者，周传儒、周绍良、周汝昌。周传儒四川江安县人，亦名学者，惜晚近名气不如后"二周"大。吾乡朱建新亦不同意郭沫若论《兰亭》，文成无处可发，只得束之高阁。建新去世数十年后，故乡出其文集，始问世。

学人直言

杨仁恺写成《朵云轩复制〈十竹斋书画谱〉》一文，寄呈启功征求意见。启功阅后指出，此文系门下代笔，并言："此稿不似出自斫轮老手，门下起草，老师必宜严格把关。"又，周绍良以十年之功辑成《唐代墓志汇编》巨册，其书收唐志甚多，最可珍者唐朝二十五代帝王，该书收二十二个，八十个年号中收得七十五个，收志时间及二百九十中的二百八十年，其中有一百六十九种为北京图书馆所无。出书当年，施蛰存获赠一套，随后写信向周致谢，并提出意见："附录中无采录书目，为美中不足。""伪刻多种亦均收入，此事窃所未解，鄙意既知其为伪刻，可以不必收入了。"学人之间提意见不绕圈子，直截了当。

当时学人撰文，初稿成，先在小圈子里传阅，待诸家意见反馈回来，再修正定稿。在一个时期内成了学者之间不成文的惯例，学人之间交流也真诚坦率。

朱光借书

广州市长朱光1965年9月养疴沈阳，客中无书，特修书向辽博商借书画册，聊怡倦眼。朱估计博物馆所藏古书画按规定不能借与私人，故所开书单皆印本：1.日本影印大千藏石涛专辑。2.日本影印《南画大成》。3.中国旧印名画集。4.辽博复制的一些名画。5.二王草书帖印本。即便如此，辽博当时仅借给朱光一些普通字帖和一部《安徽省志》，那些珍贵的画册依然没借到。

美食家互通有无

上世纪八九十年代，周绍良常撰文谈美食，人称"调鼎老手"。晚年迁居其子在东郊开发的双旭花园，远离城市，友朋往来殊不便，自称"孤悬郊外，与浮云白日为伴耳"。读书著述之暇，周绍良依旧好吃，然其所谓美食不过是选材做功讲究的家常菜，与并世美食家多有探讨。2004

年周绍良致函王世襄，询"桃仁丝瓜"做法，王详解此味，谓："'桃仁丝瓜'一味，十分简单，只是核桃炒丝瓜而已。但选料颇严格：一、丝瓜必须嫩，刮去皮，切斜刀块，不宜太大。入锅儿颠即出，不宜多出水。二、核桃有关节令。夏日尚长在树上，取下去外层绿肉，壳已形成，但未长实，剥出仁来，去仁上绿皮，仁呈白色，很嫩。过此时期，便不相宜。丝瓜下锅后，再下核桃仁，少顷即出锅。不宜加高汤，因此菜汤汁以少为宜，可放些白糖、盐、味精、黄酒少许。此味嫩而清白漂亮。"因食材夏天上市，王世襄特地说明此味只合夏天做，另外言明只是"上过浓味菜如东坡肉、红焖肘子之后再上，用它来间隔浓腻"，实是大菜后的过渡，起爽口作用。

王世襄类似的家常菜有不少，凡与其有接触的晚辈都会一二样。三联书店资深编辑吴彬会做一道"口蘑炒蒜蓉"，即为王世襄亲授。其法简单，热油炒蒜蓉，待蒜蓉出香味，再下口蘑，然后放水、调料，盖盖煮，操作简单且味美。据说老一辈美食家之间经常作交流，多数是好吃又易做的家常菜。

李一氓喜收藏外文版马恩著作

李一氓素养极好，中英文俱通，且古籍、古书画均有涉猎，亦喜外文版马恩著作。所藏马恩外文版著作，著名者，有1887年英文版《资本论》卷1—2。《资本论》为马克思平生最重要的著作，共三卷。第1卷出版于1867年，第2、3卷为马克思去世后由其友人恩格斯整理增补后分别梓行于1885年、1894年。又藏有1867年德文初版《资本论》卷1、1883年德文版及1888年英文版《共产党宣言》。一氓颇珍德文初版《资本论》，得书后按线装书的格式配以锦面，贴签条，以颜体楷书亲题"初版《资本论》第一卷，一氓珍藏"。在外文版马恩著作扉页，按中国藏书家习惯加盖印章，如"成都李氏收藏故籍"、"无是楼藏书"、"一氓所藏"或"李一氓五十后所得"等。一氓所藏早期外文版马恩著作，后悉数赠北京图书馆。

周绍良不喜打印件书札

舒芜八十岁后学会电脑，此后与友人通信辄喜以打印件示人，唯落款仍手写，此作风颇洋派。周绍良每次收到舒芜打印信，即去信"抗议"。偶得舒芜手写体信函，极口称好，且言："倍感亲切，异于打字机打出者。"周绍良暮年将友朋往来书信托付李经国，李为之印书信集行世。

学人口味各有所好

谢国桢招待朋友，常到东来顺吃烤鸭。王力则喜邀同事友人到全聚德吃烤鸭。徐邦达晚年好大董烤鸭。东四十条江苏餐厅是王世襄、黄苗子时常相聚的地方。黄苗子、郁风移居兴华公寓后，则喜欢到工体边"锦都久缘餐厅"，此为粤菜馆，苗子曾在此宴请熊秉明、汪世清。张中行偏爱在景山东边的一家"老帝坊"与友朋聚餐，此实为一家北方家常餐馆，取其与上班的人教社近也。

凡绅商赐顾者，须认本斋德记招牌

从前的老牌子老店，常遭仿冒，商家十分无奈，为维护自家商业信誉，各出其招。有老店店招干脆写明"只此一家，别无分店"。有的利用商品包装纸标明商号和分号地点。

尹润生藏有曹素功六世孙曹德酬所印带说明的包装纸，商号地点标得极其详细，用意便是除此之外都非正宗，仿佛告消费者书。其云："徽歙曹素功按易水法（制）墨，迄今二百余年，制法精善，四远驰名。近多无耻之徒，以假冒真，希图煽骗，致有鱼目混珠。是以本斋六世孙德酬，今在姑苏濠街南水㳠口北首下岸第四家朝西门面开张，不惜工，不计费，实欲精益求精，世守其艺，非敢昧图射利。一应贡品门市，照徽法制，货真价实，童叟无欺。凡绅商赐顾者，须认本斋德记招牌，庶不致误。"

文人好笺纸

今人论及笺纸，每言1933年鲁迅与郑振铎联手编印的《北平笺谱》，实则当时也有其他学者关注笺纸。1929年卫理贤曾致函徐志摩，乞其在北平代觅南纸店印笺纸，以备法兰克福中国学院赠送德国学者之用。徐行踪不定，又将此事委托蒋复璁。卫理贤寄来的笺纸样张，徐志摩对其中一些花样不满意，与蒋商量另外挑选。卫致徐函提出要求："纸宜用上好宣纸，画则取淡雅为主，色宜用淡墨色，五三彩亦佳，惟不可过浓耳。版则必须木刻，不可有印行。"还提到可请姚茫父帮忙。以当时市价计，每千张笺纸大约须费十余元。可见当时尚有不少学者也看重笺纸价值，认为笺纸是中国文房用品之代表，兼具艺术实用两面，故郑重其事，以此作为中外学人交流的礼物。

张仃《太行房山十渡图》

张仃与李可染是新中国成立后新山水的践行者，50年代写生作品，张、李同调，以写生之法，追摹壮丽山河，不分轩轾。二家皆工于写实，然同法而异趣，盖取景立场不同。又李可染重视笔墨与水墨感的表达，且已注意到山水样式的重要性，意念中有"不与照相机争功"之想。张仃则更在乎现场感的传达。

1977年秋张仃《太行房山十渡图》卷成，画风一变，此后专注焦墨山水。此卷作者甚自珍，先后请艺坛名手刘海粟、李可染、黄胄、陆俨少题跋。刘海粟题："精极笔法，豁然心胸，略无凝滞。"李可染曰："吾友张仃同志作《太行房山十渡图》卷，结构雄伟而精微，纯用焦墨而苍劲腴润。前人无此笔墨，真奇迹也。"黄胄题："《太行房山十渡图》，所谓干裂秋风，笔含烟润，垢道人、石谿等大师喜运此法。仃公推陈出新，别具新格，精心运焦墨于笔皴擦而能开一代新风，功力之深，非率意游戏笔墨者可知也。"

最值得留意者，乃张仃夫人陈布文题记："它山有画太行山之想久矣。丁巳秋有邀去房山十渡写生者，即欣然偕往。盖它山画山水素重写生，主张一静不如一动也。初以为房山便在京郊，未料十渡已是太行山区。一下火车，即见峰屏屹立，山势雄奇，四顾皆山，层峦叠嶂，气象万千。又见蓝色的拒马河，急流呼啸，清澈见底，环山绕谷，奔腾而下。它山为景所惊，竦立震慑，心情激动，不可名状。从此日出而作，怀粮策杖，跋涉于荒山野谷之中，无视于饥寒劳渴之苦。尽四五日之功成此长卷，纯用焦墨为之，亦它山画稿中前所未有者也。太行山区乃抗日老根据地，山民朴质勤奋，宽和好客。它山常常于山崖青石板之小屋中与老乡同喝一碗水，同吸一袋烟，同是白须白发，谈笑之声洋溢于山水之间。所谓师造化，为人民，其庶几乎近欤？此乃它山于花甲之年初试太行山笔也。戊午布文跋于北京白家庄。"陈以见证者记录此卷产生过程,具美术史价值,相比之下,诸名家所题乃泛泛之辞。

陈布文,江苏常州人,曾任周恩来机要秘书,后在中央工艺美术学院教授文学。白家庄在今团结湖畔,当时文化部系统不少名人寓居于此。

画家画印

画家在自己作品上画印并不鲜见。1931年林风眠在绢上以马蒂斯笔法作《大吉图》赠齐白石,白石身后家属捐赠北京画院。此图虽袭中国画款式,实用油画颜料画成,故色彩饱满坚实。题款后,林风眠大概觉得无印章可配,随手画了一方朱文印,印文从左至右:"林风眠一九三一"。石鲁后期作画皆用画印。此外,"文革"期间盛行主题性创作,幅面巨大,颇有画印者。油画家中亦有嗜画印的,如前南京艺术学院院长冯健亲,改革开放后作油画,均仿中国画款式,连押角章都不遗漏,其常常画印,手艺极好,每观其画,总误为同院黄惇所为,谛视,方知冯亲笔画印。冯健亲当是中国油画界最有民族传统文化情结的画家。

编后语

　　不止一位师友写文章说"太有趣的要当心",体现了独立思考的可贵精神。不过,往昔悠长的岁月里,足够发生无数有趣的故事,如果非得编造,那一定是对大千世界了解得太少。这一集扬之水先生写侄女、侄女婿两家的上两代,竟曾是战场上以命相搏的对手:"门致中1928年出任国民党宁夏省政府主席,1940年参加汪精卫政权,1944年任华北伪治安军总司令,在冀东曾与李运昌领导的抗日队伍交手,吃了败仗,而且败得很惨。这位年轻的李运昌司令,正是我那侄女的亲爷爷。"好像是时下流行的各种"神剧"的套路。再如郑重先生写唐德刚为张学良做口述史的曲曲折折,最后竟以赵四小姐"吃醋"误解唐德刚而告终。郑重先生感慨:"这故事可以写章回小说了。"非常之人、非常之事,不必渲染,自然是有趣的掌故。

　　掌故之于寻常故事,其魅力还在于见识。胡文辉探讨汤尔和等对耶律楚材的态度:"汤尔和之吊耶律楚材,亦其自吊也。耶律臣事宗国之敌,而救济中原父老;汤与日人合作,而维系沦陷区民生。二者所处的情势、所为的事迹,固有相似的地方。耶律一生的作为,很容易让汤尔和产生共鸣;在耶律身上,汤能找到自己行事的'先例',使其政治实践得到历史的支撑,也使其内心紧张得到文化的慰解。""在耶律楚材问题上,姚从吾的自律、陈垣的责人,以及方豪的追悔,跟汤尔和、柳存仁的认同正成对照。这是历史问题现代化、政治化的生动案例,是'一切历史都是当代史'此语的精彩注脚。"这样的掌故充满"话题性",也将思考引向深入。

本集的老作者雪克、许礼平、白谦慎、艾俊川等等仍然出手不凡,新作者如郑重、徐文堪、扬之水、赵龙江、王培军、申闻、苏枕书,仅出生之年就跨越了半个世纪,套一句无人不知的话"群贤毕至,少长咸集"来说《掌故》,是再合适也不过的罢。

严晓星　丁酉大雪后三日